Dr. P. Hartig

Die Französische Revolution im Urteil der Zeitgenossen und der Nachwelt

4254

Quellen- und Arbeitshefte
zur Geschichte und Politik

Herausgegeben von Oberstudiendirektor Dr. H. Körner, Göttingen,
und Professor Dr. H. Tümmler, Essen

Ernst Klett Stuttgart

Dr. Paul Hartig

Die Französische Revolution im Urteil der Zeitgenossen und der Nachwelt

2. Auflage 2 10 9 8 7 | 1982 81 80 79
Alle Drucke dieser Auflage können im Unterricht nebeneinander benutzt werden. Die letzte Zahl bezeichnet das Jahr dieses Druckes.

Druck: J. F. Steinkopf, 7 Stuttgart W, Hermannstraße 5
ISBN 3-12-425400-7

Zeitgenössische Urteile des Auslandes

Christoph Martin Wieland[1], Ein notwendiges und heilsames Werk:

1 „Die ganze Nation wird, indem sie die Aussaat der allgemeinen Glückseligkeit, deren Früchte ihre Nachkommenschaft ernten wird, aufkeimen und gedeihen sieht, die edlen und aufgeklärten Männer segnen, denen sie die größte aller Wohltaten, Freiheit unter vernünftigen Gesetzen, die sie sich selbst gegeben hat, und Sicherheit eines festbegründeten, immer steigenden Wohlstandes, zu danken haben wird."

Der neue teutsche Merkur. Mai 1790

„Es ist mir schlechterdings unmöglich, um aller jener wirklichen und erdichteten Greuel willen, deren sich der Pariser Pöbel und hier und da einige zur Ungeduld gereizte Bürger und Bauern im Verlauf der letzten zehn Monate schuldig gemacht haben mögen, weniger überzeugt zu sein, daß die Revolution ein notwendiges und heilsames Werk, oder vielmehr das einzige Mittel war, die Nation zu retten, wiederherzustellen und aller Wahrscheinlichkeit nach glücklicher zu machen, als es noch keine andere jemals gewesen ist." *Der neue teutsche Merkur. Juni 1790*

Edmond Burke[2], Die Menschenrechte in Theorie und Praxis:

2 „Wenn diese philosophischen Menschenrechte ins praktische Leben eintreten, so werden sie wie Lichtstrahlen, die in eine andere Schicht eindringen, vermöge eines Naturgesetzes von der geraden Linie abgebrochen. Tatsächlich erfahren in der unendlich wirren Masse menschlicher Leidenschaften und Interessen die ursprünglichen Rechte so viele Brechungen, daß es lächerlich ist, von ihnen so zu sprechen, als behielten sie die ursprüngliche Einfachheit ihrer Richtung noch bei. Die Natur des Menschen ist verwickelt, ebenso sind es die Zwecke der Gesellschaft, deshalb kann die berühmte Einfachheit der Verfassung für beide Fälle nicht das Richtige sein. – Die angeblichen Menschenrechte dieser Theoretiker sind Extreme; und in dem Maße, als sie philosophisch wahr sind, sind sie politisch falsch; die wirklichen Menschenrechte liegen in der Mitte, schwer in Worte festzulegen, aber trotzdem klar und deutlich. – Ich verkenne die Menschenrechte weder in der Theorie noch in der Praxis.

Verweise auf das in der gleichen Sammlung erschienene Heft „Die Französische Revolution" (Klettbuch Nr. 4227) erscheinen unter dem Zeichen „FR".

[1] 1733–1813, deutscher Schriftsteller der Aufklärungszeit, der mit der von ihm 1773 begründeten Zeitschrift „Der teutsche Merkur" (seit 1790 „Der neue teutsche Merkur") das Bürgertum kulturell und literarisch erziehen wollte

[2] 1729–1797, englischer Politiker, der bereits 1790 in seinen „Reflections on the Revolution in France" den revolutionären Gedanken die jahrhundertealten Traditionen des englischen Verfassungslebens mit seiner kontinuierlichen Entwicklung entgegensetzte und zum Kampf gegen die Französische Revolution aufrief. Sein Werk gewann stärkste Bedeutung für die Begründung der konservativen Staatslehre in Europa

Wenn ich lieber ihre falschen Forderungen bekämpfe, so will ich die berechtigten durchaus nicht beeinträchtigen, die im Gegenteil gerade durch die verkehrten Forderungen geschädigt werden.
Die Fehler der französischen Versammlung werden alle mit dem allversöhnlichen Namen der Freiheit zugedeckt. Was aber ist Freiheit ohne Weisheit und Tugend? Sie kann das größte Übel sein, und gerade die, die eine tugendhafte Freiheit kennen, werden unwillig, wenn sie sie von unfähigen Menschen mißbraucht sehen, die nur große Worte im Munde führen. Eine Regierung schaffen ist leicht: Bestimme den Sitz der Regierung, und lerne Gehorsam! Freiheit geben ist noch leichter, da braucht man gar nicht zu lenken, sondern nur den Zügel schießen lassen. Aber ‚eine freie Regierung' zu schaffen, das heißt, die widerstrebenden Elemente von Freiheit und Zwang in einem organischen Ganzen zu vereinigen, das erfordert große Kunst."

Gedanken über die Revolution in Frankreich. 1790

Wilhelm von Humboldt[3], Das System der Vernunft:

3 „Die konstituierende Nationalversammlung[4] hat es unterlassen, ein völlig neues Staatsgebäude nach bloßen Grundsätzen der Vernunft aufzuführen. Dies Faktum muß jedermann, und sie selbst muß es einräumen. – Nun aber kann keine Staatsverfassung gelingen, welche die Vernunft (vorausgesetzt, daß sie ungehinderte Macht habe, ihren Entwürfen Wirklichkeit zu geben) nach einem angelegten Plan gleichsam von vorn her gründet; nur eine solche kann gedeihen, welche aus dem Kampf des mächtigeren Zufalls mit der entgegenstrebenden Vernunft hervorgeht . . .
Gerade in dem Lande nun, in welchem Aufklärung die Nation zur furchtbarsten für den Despotismus gemacht hatte, vernachlässigte sich die Regierung am meisten und gab die gefährlichsten Blößen. Hier mußte also auch die Revolution zuerst entstehen; und nun konnte man – bei der bekannten Unfähigkeit der Menschen, die Mittelwege zu finden, und besonders bei dem raschen und feurigen Charakter der Nation – kein anderes System erwarten als das, worin man die größtmögliche Freiheit beabsichtigte: das System der Vernunft, das Ideal der Staatsverfassung. Die Menschheit hatte an einem Extrem gelitten, in einem Extrem mußte sie ihre Rettung suchen. Ob diese Staatsverfassung Fortgang haben wird? Der Analogie der Geschichte nach: nein! Aber sie wird die Ideen aufs neue aufklären, aufs neue jede tätige Tugend anfachen; und so ihren Segen weit über Frankreichs Grenzen verbreiten. Sie wird dadurch den Gang aller menschlichen Begebenheiten bewähren, in denen das Gute nie an der Stelle wirkt, wo es geschieht; sondern in weiten Entfernungen der Räume oder der Zeiten, und in denen jene Stelle ihre wohltätige Wirkung wieder von einer anderen, gleich fernen, empfängt."

Ideen über Staatsverfassung, durch die neue französische Konstitution veranlaßt. 1791. Ges. Werke I S. 302, 309f.

[3] 1767–1835, führender Vertreter des deutschen Neuhumanismus, dessen Werk von dem Ideal freier Persönlichkeitsbildung bestimmt war und das die liberale Staatslehre begründen half

[4] Die von dieser Versammlung 1789–1791 ausgearbeitete Verfassung verwandelte Frankreich in eine konstitutionelle Monarchie

Johann Wolfgang von Goethe, Von hier und heute ... (Am Abend des Tages der Kanonade von Valmy[5], 20. September 1792):

4 „So war der Tag hingegangen; unbeweglich standen die Franzosen; unsere Leute zog man aus dem Feuer zurück, und es war eben, als wenn nichts gewesen wäre. Die größte Bestürzung verbreitete sich über die Armee. Noch am Morgen hatte man nichts anders gedacht, als die sämtlichen Franzosen anzuspießen und aufzuspeisen, ja mich selbst hatte das unbedingte Vertrauen auf ein solches Heer, auf den Herzog von Braunschweig, zur Teilnahme an dieser gefährlichen Expedition gelockt; nun aber ging jeder vor sich hin, man sah sich nicht an, oder wenn es geschah, so war es, um zu fluchen oder zu verwünschen. Wir hatten, eben als es Nacht werden wollte, zufällig einen Kreis geschlossen, in dessen Mitte nicht einmal wie gewöhnlich ein Feuer konnte angezündet werden; die meisten schwiegen, einige sprachen, und es fehlte eigentlich doch einem jeden Besinnung und Urteil. Endlich rief man mich auf, was ich dazu denke; denn ich hatte die Schar gewöhnlich mit kurzen Sprüchen erheitert und erquickt; diesmal sagte ich: ‚Von hier und heute geht eine neue Epoche der Weltgeschichte aus, und ihr könnt sagen, ihr seid dabei gewesen'."

Campagne in Frankreich

Georg Forster[6], Die wunderbare Verwandlung:

5 „Es ist wahr, man hat dem Deutschen von Jugend auf eine Abneigung gegen den französischen Nachbarn eingeflößt; es ist wahr, ihre Sitten, ihre Sprache, ihre Temperamente sind verschieden; es ist wahr, als die grausamsten Ungeheuer noch in Frankreich herrschten, da rauchte unser Deutschland auf ihr Geheiß, da ließ ein Marquis de Louvois[7], dessen Namen die Geschichte aufbewahrt, damit die Völker ihm fluchen mögen, die Pfalz in Brand stecken, und Ludwig XIV., ein elender Despot, lieh seinen Namen zu diesem verhaßten Befehl. Laßt euch nicht irreführen, Mitbürger, durch die Begebenheiten der Vorzeit; erst vier Jahre alt ist die Freiheit der Franken, und seht, schon sind sie ein neues, umgeschaffenes Volk; sie, die Überwinder unserer Tyrannen, fallen als Brüder in unsere Arme, sie schützen uns, sie geben uns den rührendsten Beweis von Brudertreue, indem sie ihre so teuer erkaufte Freiheit mit uns teilen wollen – und dies ist das erste Jahr der Republik![8] So kann die Freiheit im Herzen des Menschen wirken, so heiligt sie sich selbst den Tempel, den sie bewohnt! Was waren wir noch vor drei Wochen! Wie hat die wunderbare

[5] Im Gefolge des Weimarer Herzogs Carl August nahm Goethe an dem Einmarsch der preußisch-österreichischen Truppen in Frankreich 1792 teil und beschrieb auf Grund von Tagebuchnotizen diesen Feldzug in seinem Buch „Campagne in Frankreich" 1822. Durch die Kämpfe mit den französischen Revolutionstruppen bei Valmy, einem Dorf in der Champagne, sah sich das preußisch-österreichische Koalitionsheer zum Rückzug gezwungen.

[6] 1754–1794, begeisterter Anhänger der Französischen Revolution, der 1793 sogar die Vereinigung des „rheinisch-deutschen Volkes" mit der französischen Republik forderte

[7] 1641–1691, Kriegsminister Ludwigs XIV., der die Verwüstung der Pfalz im Pfälzischen Erbfolgekrieg 1689 befürwortete

[8] Mit dem Sturz des französischen Königtums 1792 und der Proklamation der Republik hatte man in Frankreich eine neue Zeitrechnung begonnen

Verwandlung[9] nur so schnell geschehen können aus bedrückten, ja gemißhandelten, stillschweigenden Knechten eines Priesters[10], in aufgerichtete, lautredende, freie Bürger, in kühne Freunde der Freiheit und Gleichheit, bereit frei zu leben und frei zu sterben! Mitbürger! Brüder! die Kraft, die uns so verwandeln konnte, kann auch Franzosen und Mainzer verschmelzen zu einem Volk!"

Vortrag in der Mainzer Gesellschaft der Volksfreunde am 15. 11. 1792

Johann Gottlieb Fichte[11], Wichtig für die gesamte Menschheit:

6 „Die französische Revolution scheint mir wichtig für die gesamte Menschheit. Ich rede nicht von den politischen Folgen, die sie sowohl für jenes Land als für benachbarte Staaten gehabt und welche sie, ohne das ungebetene Einmischen und das unbesonnene Selbstvertrauen dieser Staaten, wohl nicht gehabt haben würde. Das alles ist an sich viel, aber es ist gegen das ungleich Wichtigere immer wenig.
Solange die Menschen nicht weiser und gerechter werden, sind alle ihre Bemühungen, glücklich zu werden, vergebens. Aus dem Kerker des Despoten entronnen, werden sie mit den Trümmern ihrer zerbrochenen Fesseln sich untereinander selbst morden. Das wäre ein zu trauriges Los, wenn nicht ihr eigenes oder, wenn sie sich in Zeiten warnen lassen, fremdes Elend sie zur späten Weisheit und Gerechtigkeit leiten könnte.
So scheinen mir alle Begebenheiten in der Welt lehrreiche Schildereien, die der große Erzieher der Menschheit aufstellt, damit sie *an* ihnen lerne, was ihr zu wissen not ist. Nicht daß sie es *aus* ihnen lerne; wir werden in der ganzen Weltgeschichte nie etwas finden, was wir nicht selbst erst hineinlegten: sondern daß sie durch Beurteilung wirklicher Begebenheiten auf eine leichtere Art aus sich selbst entwickele, was in ihr selbst liegt; und so scheint mir die französische Revolution ein reiches Gemälde über den großen Text: Menschenrecht und Menschenwert.
... Jetzt ist es Zeit, das Volk mit der Freiheit bekannt zu machen, die dasselbe finden wird, sobald es sie kennt; damit es nicht statt ihrer Gesetzlosigkeit ergreife, um die Hälfte seines Weges zurückkomme und uns mit sich fortreiße. Den Despotismus zu schützen, gibt es kein Mittel; vielleicht gibt es welche, den Despoten, der sich durch das Übel, das er uns zufügt, unglücklicher macht als uns, zu bereden, daß er sich von seinem langen Elende befreie, zu uns herabsteige und der Erste unter Gleichen werde; gewaltsame Revolutionen zu verhindern, gibt es ein sehr sicheres Mittel; aber es ist das einzige: das Volk gründlich über seine Rechte und Pflichten zu unterrichten. Die französische Revolution gibt uns dazu die Weisung und die Farben zur Erleuchtung des Gemäldes für blöde Augen.
Der Wink der Zeiten ist im allgemeinen nicht unbemerkt geblieben. Dinge sind zum Gespräch des Tages geworden, an die man vorher nicht dachte. Unterhaltungen über Menschenrechte, über Freiheit und Gleichheit, über die Heiligkeit der Verträge, der

[9] Eroberung von Mainz durch die Truppen der französischen Republik und Einführung des republikanischen Regimes in Mainz

[10] D. h. des Erzbischofs von Mainz

[11] 1762–1814, führender Vertreter der von Kant begründeten, von ihm weiterentwickelten idealistischen Philosophie

Eidschwüre, über die Gründe und die Grenzen der Rechte eines Königs lösen zuweilen in glänzenden und glanzlosen Zirkeln die Gespräche von neuen Moden und alten Abenteuern ab. Man fängt an zu lernen.
Aber das aufgestellte Gemälde dient nicht bloß zum Unterrichte; es wird zugleich zu einer scharfen Prüfung der Köpfe und der Herzen. Die Abneigung gegen alles Selbstdenken, die Schlaffheit des Geistes und sein Unvermögen, auch nur eine kurze Reihe von Schlüssen zu verfolgen, die Vorurteile und Widersprüche, die sich über unsere ganzen Meinungsfragmente verbreitet haben, von der einen Seite – die Anstrengung, doch ja nichts an seiner bisherigen lieben Existenz verrücken zu lassen, der faule oder der niedertretende Egoismus, die schüchterne Scheu vor der Wahrheit, oder die Gewalt, mit der man seine Augen verschließt, wenn sie uns wider unseren Willen beleuchtet, von der anderen Seite – verraten sich nie offenbarer, als wo von so einleuchtenden und so allgemein eingreifenden Gegenständen die Rede ist, wie Menschenrechte und Menschenpflichten es sind.“ *Beiträge zur Berichtigung der Urteile des Publikums über die Französische Revolution. 1793. Ges. Werke VI S. 39, 40 f.*

Friedrich von Schiller, Ein ganzes Jahrhundert in Barbarei und Knechtschaft zurückgeschleudert:

7 „Ehe diese Ereignisse eintraten, gnädigster Prinz[12], konnte man sich allenfalls mit dem lieblichen Wahn schmeicheln, daß der unmerkliche aber ununterbrochene Einfluß denkender Köpfe, die seit Jahrhunderten ausgestreuten Keime der Wahrheit, der aufgehäufte Schatz von Erfahrung die Gemüter allmählich zum Empfang des Besseren gestimmt und so eine Epoche vorbereitet haben müßte, wo die Philosophie den moralischen Weltbau übernehmen und das Licht über die Finsternis siegen könnte. So weit war man in der theoretischen Kultur vorgedrungen, daß auch die ehrwürdigsten Säulen des Aberglaubens zu wanken anfingen, und der Thron tausendjähriger Vorurteile schon erschüttert ward. Nichts schien mehr zu fehlen, als das Signal zur großen Veränderung und eine Vereinigung der Gemüter. Beides ist nun gegeben – aber wie ist es ausgeschlagen?
Der Versuch des französischen Volkes, sich in seine heiligen Menschenrechte einzusetzen und eine politische Freiheit zu erringen, hat bloß das Unvermögen und die Unwürdigkeit desselben an den Tag gebracht, und nicht nur dieses unglückliche Volk, sondern mit ihm auch einen beträchtlichen Teil Europas und ein ganzes Jahrhundert in Barbarei und Knechtschaft zurückgeschleudert. Der Moment war der günstigste, aber er fand eine verderbte Generation, die ihn nicht wert war und weder zu würdigen noch zu benutzen wußte. Der Gebrauch, den sie von diesem großen Geschenk des Zufalls macht und gemacht hat, beweist unwidersprechlich, daß das Menschengeschlecht der vormundschaftlichen Gewalt noch nicht entwachsen ist, daß das liberale Regiment der Vernunft noch zu frühe kommt, wo man kaum damit fertig wird, sich der brutalen Gewalt der Tierheit zu erwehren, und daß derjenige noch nicht reif ist zur *bürgerlichen* Freiheit, dem noch sovieles zur *menschlichen* fehlt.“

Schiller an den Herzog Friedrich Christian von Augustenburg, 13. Juli 1793

[12] Erbprinz Friedrich Christian von Schleswig-Holstein-Augustenburg, 1765–1814, der 1791 dem schwerkranken, verarmten Schiller durch Gewährung eines dreijährigen Ehrengehaltes das Leben rettete

Immanuel Kant, Ein solches Phänomen vergißt sich nicht mehr:

8 „Die Revolution eines geistreichen Volkes ... mag gelingen oder scheitern; sie mag mit Elend oder Greueltaten ... angefüllt sein ... – diese Revolution, sage ich, findet doch in den Gemütern aller Zuschauer, die nicht selbst in diesem Spiele mitverwickelt sind, eine Teilnehmung dem Wunsche nach, die nahe an Enthusiasmus grenzt ... Ein solches Phänomen vergißt sich nicht mehr, weil es eine Anlage und ein Vermögen in der menschlichen Natur zum Besseren aufgedeckt hat, dergleichen kein Politiker aus dem bisherigen Verlauf der Dinge herausgeklügelt hätte ... Aber, wenn der bei dieser Begebenheit beabsichtigte Zweck auch jetzt nicht erreicht würde, wenn die Revolution fehlschlüge (wie Politiker jetzt wahrsagen), jene Begebenheit ist zu groß, zu sehr mit dem Interesse der Menschheit verwebt und ihrem Einflusse nach auf die Welt mit allen ihren Teilen zu ausgebreitet, als daß sie nicht den Völkern bei irgendeiner Veranlassung günstiger Umstände in Erinnerung gebracht und zur Wiederholung neuer Versuche dieser Art erweckt werden sollte."

Der Streit der Fakultäten. 1798

Novalis[13], Alte und neue Welt im Kampf:

9 „Nun wollen wir uns zu dem politischen Schauspiel unserer Zeit wenden. Alte und neue Welt sind im Kampf begriffen, die Mangelhaftigkeit und Bedürftigkeit der bisherigen Staatseinrichtungen sind in furchtbaren Phänomenen offenbar geworden. Wie wenn auch hier wie in den Wissenschaften eine nähere und mannigfaltigere Konnexion und Berührung der europäischen Staaten zunächst der historische Zweck des Krieges wäre, wenn eine neue Regung des bisher schlummernden Europas ins Spiel käme, wenn Europa wieder erwachen wollte, wenn ein Staat der Staaten, eine politische Wissenschaftslehre, uns bevorstände! ... Es ist unmöglich, daß weltliche Kräfte sich selbst ins Gleichgewicht setzen, ein drittes Element, das weltlich und überirdisch zugleich ist, kann allein diese Aufgabe lösen. Unter den streitenden Mächten kann kein Friede geschlossen werden, aller Friede ist nur Schein, nur Waffenstillstand; auf dem Standpunkt der Kabinetter, des gemeinen Bewußtseins ist keine Vereinigung denkbar. Beide Teile haben große, notwendige Ansprüche und müssen sie machen, getrieben vom Geiste der Welt und der Menschheit. Beide sind unvertilgbare Mächte der Menschenbrust; hier die Andacht zum Altertum, die Anhänglichkeit an die geschichtliche Verfassung, die Liebe zu den Denkmalen der Altväter und der alten glorreichen Staatsfamilie, und Freude des Gehorsams; dort das entzückende Gefühl der Freiheit, die unbedingte Erwartung mächtiger Wirkungskreise, die Lust am Neuen und Jungen, die zwanglose Berührung mit allen Staatsgenossen, der Stolz auf menschliche Allgemeingültigkeit, die Freude am persönlichen Recht und am Eigentum des Ganzen und das kraftvolle Bürgergefühl. Keine hoffe die andere zu vernichten, alle Eroberungen wollen hier nichts sagen, denn die innerste Hauptstadt jedes Reiches liegt nicht hinter Erdwällen und läßt sich nicht erstürmen.

[13] 1772–1801, bedeutender Dichter der deutschen Frühromantik, der in seinem Aufsatz „Europa oder die Christenheit" die Wiedergeburt eines geeinten Europas aus den Kräften des Christentums erhoffte

Wer weiß, ob des Krieges genug ist; aber er wird nie aufhören, wenn man nicht den Palmenzweig ergreift, den allein eine geistliche Macht darreichen kann. Es wird so lange Blut über Europa stürmen, bis die Nationen ihren fürchterlichen Wahnsinn gewahr werden, der sie im Kreise herumtreibt, und von heiliger Musik getroffen und besänftigt zu ehemaligen Altären in bunter Vermischung treten, Werke des Friedens vornehmen und ein großes Liebesmahl als Friedensfest auf den rauschenden Walstätten mit heißen Tränen gefeiert wird. Nur die Religion kann Europa wieder aufwekken und die Völker sichern und die Christenheit mit neuer Herrlichkeit sichtbar auf Erden in ihr altes, friedenstiftendes Amt installieren."

Die Christenheit oder Europa. 1799

Ernst Moritz Arndt[14], Vorspiel einer fürchterlichen Tragödie:

10 „Mir sind die ersten Jahre der Revolution frisch und lebendig, als wären sie heute. Der Geist der Gärung und Bewegung jener Zeit war unendlich, und unendlich daher die Begeisterung und Teilnahme drinnen und draußen. Wie viele waren wohl in jenem Sturm und Wogenschwall, die sich bewußt waren, was sie taten oder litten? In wie vielen Augenblicken folgten wohl auch die Schlauesten und Besonnensten mehr notwendigen, äußeren Stößen als festen Plänen und bestimmten Trieben? Es erklärt sich dies auch aus dem Worte Revolution. Wo alles in Umkehr und Gärung ist, da kann man unter den Verwirrten, Erschrockenen, Erstaunten und Begeisterten wohl nicht der einzige Kalte und Nüchterne sein wollen. Ja, man kann es gar nicht sein, sobald man sich das Ganze lebendig denkt, wie es war, nicht tot, wie unsere toten Schreiber es erst totschlugen und hinterher bewiesen, daß es so war.

Als nun alles Alte lag oder fallen sollte durch Feigheit und Verzweiflung der Regierung und durch Kühnheit und Begeisterung der Stürmer, da entwickelten sich nach und nach die hochfliegenden, kosmopolitischen und metaphysischen Ideen und Hoffnungen daran, oder richtiger setzten sich mit an und wirbelten in dem wilden Strudel rund, der nun in voller Bewegung sich fortwälzte. Aber unwidersprechlich beweisen diese Wünsche, Hoffnungen und Pläne derer in und außer dem Rate, in und außer Frankreich, daß es um das bißchen politischen, europäischen Verstand und um die Kenntnis von dem vorigen Frankreich sehr schlecht aussah. Denn entweder war durch einen Zauber, wie man seinesgleichen noch nie gesehen, alles Alte plötzlich Lüge geworden, oder das Neue mußte dem Alten ähnlicher werden, als man es wollte und verkündete. Solche Tugenden und Menschenwürde und Edelmut, worauf man das Gebäude der ersten Revolution bauete und worauf ein so lockeres Ding allein stehen konnte, waren immer sehr selten, und in dem Lande, wo sie noch jüngst ganz verrufen waren, sollten sie nun mit einem Male durch einzelne Ideen und durch den mächtigen Reiz bloßer Wortklänge geschaffen sein? Viele Vergeistigte verkündeten sie und glaubten, aber weise und erfahrene Männer kopfschüttelten, und dies Kopfschütteln machte viele Guten bange. Mitten in dem wilden Wahn der betörten

[14] 1769–1860, politischer Schriftsteller und Dichter, der in seinem „Geist der Zeit" das natur- und geschichtsgebundene Recht der Völker leidenschaftlich vertreten hat.

Menge, mitten unter den schönen Namen von Freiheit und Gleichheit und Verbrüderung, mitten unter der Ausrufung von Menschenrechten und der menschlichen Erklärung, nie wieder einen Eroberungskrieg führen zu wollen[15], erinnerten fromme und gescheite Männer an das Urteil der weisesten und verständigsten Franzosen über ihr eigenes Volk und konnten nur das nicht begreifen, wie der sonderbare Taumel bei einem solchen Volke so lange aushielt.

Ich lasse es mir daher nicht nehmen, daß die ersten Jahre der Revolution wirklich ein höherer und enthusiastischer Geist im Volke war, daß viele entschlossen waren und hofften, es werde und solle eine bessere und glücklichere Verfassung aus dem Chaos der Verwirrung und dem Kampf so mancher Ideen hervorgehen. Ich glaube auch, daß, wenn soviel Verstand und Güte unter den Ratenden und Herrschenden gewesen wäre als Begeisterung und Schwärmerei, es hätte damals etwas Würdiges können gemacht werden. Man dachte aber nicht an Solons[16] weise Gesetzgeberregel: ‚Nicht das Beste sondern das Möglichgute', und die Befestigung und Erhaltung einer würdigen Verfassung blieb dem gallischen[17] Glück überlassen, das immer viel Wind geführt hat. Da waren keine Staatskräfte gewogen, sich durch Druck im Gleichgewicht zu halten, da war das Böse nicht genug berechnet, was unter einem so verdorbenen Volke sich bald rühren mußte, da hatte man nicht genug an französische Leichtfertigkeit gedacht, an den Sinn dieser Menschen, der das Heiligste und Größte leicht wie Mode behandelt. – Alles dies hatte man vergessen, und es ging auch danach. Einige Jahre später schwamm das unglückliche Frankreich in Blut, und das betrogene, in seinen Wünschen und Hoffnungen betrogene Europa dachte an die ewige Wahrheit Montesquieus[18]: ‚Die Franzosen tun die albernen Dinge ernsthaft und die ernsthaften albern.' Das Volk hat seine Würde und sein Glück eingebüßt und rasete drinnen und draußen. Man begriff, das Ganze sei nichts weiter als ein Spiel, ja ein Vorspiel einer fürchterlichen Tragödie gewesen, und die Franzosen haben eine ernste Sache zu sehr als Gaukler und eine Gaukelei zu ernsthaft getrieben. So war man verwundert und erstaunt, ob es noch dasselbe Volk, dieselbe Begebenheit, dasselbe Zeitalter sei, als man plötzlich alles verändert und verwandelt sah.

Aber wirklich, es blieb immer dasselbe Spiel. Nur daß die Zeitgenossen solches Spiel nicht kannten, daß die Franzosen unklug selbst nicht wußten, wohin es mit ihnen laufen würde, das war beiden zu verzeihen. Der Geist des Bösen, der so reichlich in allen Revolutionen ist und aus so wenigen wirklich das Große und Gute kommen läßt, begann nach einigen Jahren zu herrschen und herrschte bis 1795 wütend. Er fuhr in das große Volk und versteckte sich hinter eine Masse von Millionen. Nachdem Thron, Adel und Priestertum und der Bau der ersten losen Verfassung[19] mit allem Alten gestürzt und vernichtet war, da machte die Revolution den Pöbel zum

[15] Vgl. FR, Nr. 22

[16] Etwa 640–561 v. Chr., athenischer Gesetzgeber, der durch seine soziale Gesetzgebung den Konflikt zwischen dem Adel und den in Schuldknechtschaft geratenen Bauern schlichten wollte und sich bemühte, in den athenischen Bürgern das Gefühl der politischen Verantwortung zu entwickeln

[17] Im Sinne von französisch, in Erinnerung an die gallischen Ursprünge des französischen Volkes

[18] 1689–1755, französischer Schriftsteller, Historiker und Staatsphilosoph; vgl. FR, S. 1–6

[19] 1791 konstitutionelle Monarchie; vgl. FR S. 31–34

Herrn, jenes Ungeheuer, das immer zuviel und zuwenig Bewegung hat, das zuweilen mit hunderttausend Armen alles umwirft, zuweilen mit hunderttausend Füßen nur kriecht. Es ist unmöglich, aus jener abscheulichen Zeit Licht und Klarheit zu finden und Schuld und Unschuld auseinanderzuflechten und zu enträtseln. Solche Epoche klärt keine Geschichte auf. Wahn und Absicht, Schwärmerei und Bosheit, Zufall und Plan, Heroismus und Niederträchtigkeit liegen einander oft so nahe, daß nur ein Gott das Urteil sprechen möchte."

Geist der Zeit I. 1806. S. 172, 173 f.

Neithardt von Gneisenau[20], Die Revolution hat alle Kräfte geweckt:

11 „Ein Grund hat Frankreich besonders auf diese Stufe von Größe gehoben: Die Revolution hat alle Kräfte geweckt und jeder Kraft einen ihr angemessenen Wirkungskreis gegeben. Dadurch kamen an die Spitze der Armee Helden, an die ersten Stellen Staatsmänner, und endlich an die Spitze eines großen Volkes der größte Mensch aus seiner Mitte. Welche unendlichen Kräfte schlafen im Schoße einer Nation unentwickelt und unbenutzt! In der Brust von tausend Menschen wohnt ein großer Genius, dessen aufstrebende Flügel seine tiefen Verhältnisse lähmen. Während ein Reich in seiner Schwäche und Schmach vergeht, folgt vielleicht in seinem elendsten Dorf ein Cäsar dem Pfluge, und ein Epaminondas[21] nährt sich karg von dem Ertrage seiner Hände. Warum griffen die Höfe nicht zu dem einfachen und sicheren Mittel, dem Genie, wo es sich auch immer findet, eine Laufbahn zu öffnen, die Talente und die Tugenden aufzumuntern, von welchem Stande und Range sie auch sein mögen? Warum wählten sie nicht dieses Mittel, ihre Kräfte zu vertausendfachen, und schlossen dem gemeinen Bürger die Triumphpforte auf, durch welche der Adlige jetzt nur ziehen soll? Die neue Zeit braucht mehr als alte Namen, Titel, Pergamente, sie braucht frische Tat und Kraft . . .

Die Revolution hat die ganze Nationalkraft des französischen Volkes in Tätigkeit gesetzt, dadurch die Gleichstellung der verschiedenen Stände und die gleiche Besteuerung des Vermögens, die lebendige Kraft im Menschen und die tote der Güter zu einem wuchernden Kapital umgeschaffen und dadurch die ehemaligen Verhältnisse der Staaten zueinander und das darauf beruhende Gleichgewicht aufgehoben. Wollten die übrigen Staaten dieses Gleichgewicht wiederherstellen, dann mußten sie sich dieselben Hilfsquellen öffnen und sie benutzen. Sie mußten sich die Errungenschaften der Revolution zueigen und gewannen so den doppelten Vorteil, daß sie ihre ganze Nationalkraft einer fremden entgegensetzen konnten und doch den Gefahren einer Revolution entgingen, die gerade darum für sie noch nicht vorüber sind, weil sie durch eine freiwillige Veränderung einer gewaltsamen nicht vorbeugen wollen."

Aus einer Denkschrift vom Juli 1807

[20] 1760–1831, preußischer Heerführer, einer der führenden Männer in der preußischen Reformzeit nach 1806–1807

[21] 420–362 v. Chr., thebanischer Feldherr von großer Lauterkeit, der seine Siege über die Spartaner mit Hilfe der von ihm eingeführten „schiefen Schlachtordnung" davontrug

Karl August von Hardenberg[22], Die Französische Revolution gab den Franzosen einen ganz neuen Schwung:

12 „Die Begebenheiten, welche seit mehreren Jahren unser Erstaunen erregen und unserem kurzsichtigen Auge als fürchterliche Übel erscheinen, hängen mit dem großen Weltplan einer weisen Vorsehung zusammen. Nur darin können wir Beruhigung finden. Wenngleich unserm Blick nicht vergönnt ist, tief in diesen Plan einzudringen, so läßt sich doch der Zweck dabei vermuten: das Schwache, kraftlose Veraltete überall zu zerstören und nach dem Gange, den die Natur auch im Physischen nimmt, neue Kräfte zu weitern Fortschritten zur Vollkommenkeit zu beleben.
Der Staat, dem es glückt, den wahren Geist der Zeit zu fassen und sich in jenen Weltplan durch die Weisheit seiner Regierung ruhig hineinzuarbeiten, ohne daß es gewaltsamer Zuckungen bedürfe, hat unstreitig große Vorzüge, und seine Glieder müssen die Sorgfalt segnen, die für sie so wohltätig wirkt.
Die Französische Revolution, wovon die gegenwärtigen Kriege die Fortsetzung sind, gab den Franzosen unter Blutvergießen und Stürmen einen ganz neuen Schwung. Alle schlafenden Kräfte wurden geweckt; das Elende und Schwache, veraltete Vorurteile und Gebrechen wurden – freilich zugleich mit manchem Guten – zerstört. Die Benachbarten und Überwundenen wurden mit dem Strome fortgerissen. Unkräftig waren alle die Dämme, welche man diesem entgegensetzte ...
Der Wahn, daß man der Revolution am stärksten durch Festhalten am Alten und durch strenge Verfolgung der durch solche geltend gemachten Grundsätze entgegenstreben könne, hat besonders dazu beigetragen, die Revolution zu befördern und derselben eine stets wachsende Ausdehnung zu geben. Die Gewalt dieser Grundsätze ist so groß, sie sind so allgemein anerkannt und verbreitet, daß der Staat, der sie nicht annimmt, entweder seinem Untergang oder der erzwungenen Annahme derselben entgegensehen muß.
Also eine Revolution im guten Sinne, geradehin führend zu dem großen Zwecke der Veredelung der Menschheit, durch Weisheit der Regierung und nicht durch gewaltsame Impulsion von innen oder außen – das ist unser Ziel, unser leitendes Prinzip. Demokratische Grundsätze in einer monarchischen Regierung – dieses scheint mir die angemessene Form für den gegenwärtigen Zeitgeist ..."

Aus einer Denkschrift vom September 1807

[22] 1750–1822, preußischer Staatsmann, der die durch Stein eingeleiteten Reformen fortführte und weiterentwickelte. 1807 verfaßte er im Auftrag des preußischen Königs Friedrich Wilhelms III. eine Denkschrift zur Neuordnung des preußischen Staates mit Reformvorschlägen nach französischem Vorbild.

Friedrich Hegel[23], Ein herrlicher Sonnenaufgang:

13 „Man hat gesagt, die Französische Revolution sei von der Philosophie ausgegangen, und nicht ohne Grund hat man die Philosophie Weltweisheit genannt, denn sie ist nicht nur die Wahrheit an und für sich, als reine Wesenheit, sondern auch die Wahrheit, insofern sie in der Wirklichkeit lebendig wird. Man muß sich also nicht dagegen erklären, wenn gesagt wird, daß die Revolution von der Philosophie ihre erste Anregung erhalten habe. Nur ist das Prinzip des freien Willens im Äußeren festgehalten worden und nicht auch zum Konkreten fortgegangen.
Das Prinzip der Freiheit des Willens nämlich hat sich zunächst gegen das vorhandene Recht geltend gemacht. Vor der Französischen Revolution sind zwar schon die Großen unterdrückt und ihre Privilegien aufgehoben worden, aber wie die Geistlichkeit behielten sie alle ihre Rechte gegen die untere Klasse. Der ganze Zustand Frankreichs in der damaligen Zeit stellt das Gemälde der ungeheuersten Verdorbenheit dar. Der fürchterlich harte Druck, der auf dem Volke lastete, die Verlegenheit der Regierung, dem Hofe die Mittel zur Üppigkeit und zur Verschwendung herbeizutreiben, gaben den ersten Anlaß zur Unzufriedenheit. Man sah, daß die dem Schweiße des Volkes abgepreßten Summen nicht für den Staatszweck verwendet würden. Die Regierung wollte aber durch Umbildung der Verhältnisse nicht ihrer Verlegenheit Abhilfe bringen: der Hof, die Klerisei, der Adel wollten ihren Besitz weder um der Not, noch um des an und für sich seienden Rechtes willen aufgeben, und zwar darum, weil die Regierung eine katholische war und, da der Begriff der Freiheit nicht als letzte absolute Verbindlichkeit galt, diese Rechte noch heilig waren. Der Gedanke, der Begriff des Rechts machte sich nun aber mit einem Male geltend, und dagegen konnte das alte Gerüst des Unrechts keinen Widerstand leisten. Im Gedanken des Rechts ist also jetzt eine Verfassung errichtet worden, und auf diesem Grunde sollte nunmehr alles basiert sein. Solange die Sonne am Firmament steht und die Planeten um sie herum kreisen, war das nicht gesehen worden, daß der Mensch sich auf den Kopf, das ist auf den Gedanken stellt und die Wirklichkeit nach diesem erbaut. Anaxagoras[24] hatte zuerst gesagt, daß der *νοῦϱ* die Welt regiert; nun aber erst ist der Mensch dazu gekommen zu erkennen, daß der Gedanke die geistige Wirklichkeit regieren solle. Es war dieses somit ein herrlicher Sonnenaufgang. Eine erhabene Rührung hat in jener Zeit geherrscht, ein Enthusiasmus hat die Welt durchschauert, als sei es zur wirklichen Versöhnung des Göttlichen mit der Welt nun erst gekommen."

Vorlesungen über die Philosophie der Geschichte. 1831. Ges. Werke IX S. 440, 441

[23] 1770–1831, führender deutscher Philosoph, der die idealistische Philosophie Kants, Fichtes und Schellings weiterführte. Seine Vorlesungen über die Philosophie der Geschichte wurden erst nach seinem Tode veröffentlicht. Grundgesetz der geschichtlichen Entwicklung ist nach ihm „der Fortschritt im Bewußtsein des Geistes von seiner Freiheit".

[24] Um 500–428 v. Chr., griechischer Philosoph, nach dem der *νοῦϱ*, die Vernunft, die treibende und beherrschende Kraft des Lebens ist.

Urteile des 19. Jahrhunderts

Auseinandersetzung der Franzosen mit ihrer Revolution

François Mignet[25], Der Beginn eines neuen Zeitalters:

14 „Ich will einen kurzen Überblick über die Geschichte der Französischen Revolution geben, die in Europa das Zeitalter der neuen Gesellschaftsformen einleitet, so wie mit der englischen Revolution[26] das Zeitalter der neuen Regierungsformen begonnen hat. Diese Revolution hat nicht nur die politische Macht geändert, sie hat die ganze innere Existenz der Nation umgebildet. Die Gesellschaftsformen des Mittelalters bestanden noch. Der Boden war unter einander feindliche Provinzen aufgeteilt; die Menschen schieden sich voneinander in rivalisierende Klassen. Der Adel hatte seinen politischen Einfluß verloren, obwohl er seine Vorrechte bewahrt hatte; das Volk hatte keinerlei Rechte; die Macht des Königtums war unbegrenzt, und Frankreich war dem Durcheinander von ministerieller Willkür, von Sondergewalten und Standesvorrechten ausgeliefert. Diese Ordnung voller Mißbräuche hat die Revolution durch ein gerechteres und unserem Zeitalter angemesseneres System ersetzt. An die Stelle der Willkür ist das Gesetz getreten, an die Stelle der Vorrechte die Gleichheit. Die Revolution hat die Menschen von den Klassenvorrechten, den französischen Boden von den Provinzgemeinden, die Industrie von der Behinderung durch das Zunftwesen, die Landwirtschaft von der Bedrückung durch die Lehnslasten und dem Zehnten befreit. So hat sie alles in Frankreich auf einen einzigen Staat, auf ein einziges Recht, ein einziges Volk zurückgeführt.

Um derartig große Reformen zu vollbringen, mußte die Revolution zahlreiche Hindernisse überwinden, was neben dauerhaften Wohltaten vorübergehende Übergriffe zur Folge gehabt hat. Die Privilegierten haben sie unterbinden wollen; Europa hat versucht, sie zu unterdrücken; zum Kampf gezwungen, hat sie ihre Anstrengungen nicht begrenzen, ihre Siege nicht maßvoll gestalten können. Dieser innere Widerstand hat zur Herrschaft der Masse geführt, die Bedrohung von außen zur Militärherrschaft[27]. Indessen ist trotz der Anarchie und trotz des Despotismus das Ziel erreicht worden: die alte Gesellschaftsordnung ist während der Revolution zerstört worden, und die neue gesellschaftliche Ordnung hat sich unter dem Kaiserreich gefestigt."

Geschichte der Französischen Revolution. 1824. S. 3 f.

[25] 1796–1884, französischer Geschichtsschreiber, dessen Hauptwerk eine „Geschichte der Französischen Revolution" ist

[26] Die puritanische Revolution in England im 17. Jahrhundert kämpfte gegen die absolutistischen Bestrebungen der Stuarts an und erstrebte eine Herrschaft des Parlaments

[27] Herrschaft Napoleons seit seinem Staatsstreich 1799, zunächst im Konsulat, seit 1804 im Kaiserreich

Guillaume Guizot[28], Revolution als Fortführung der Vergangenheit:

15 „Ob man nun die Revolutionen von 1648[29] und 1789 feiert oder beklagt, sie segnet oder verwünscht, angesichts dieser Revolutionen stimmen alle darin überein, daß sie alles vergessen, daß sie sie völlig von der Vergangenheit abtrennen, daß man sie für das Schicksal der Menschheit verantwortlich macht.
Es ist Zeit, daß man sich von derlei lügenhaften und kindischen Erklärungen frei macht.
Weit davon entfernt, den natürlichen Gang der Ereignisse in Europa zu unterbrechen, hat weder die Revolution in England noch die unsrige irgend etwas gesagt, gewollt, getan, was nicht schon hundertmal vor ihrem Ausbruch gesagt, gewünscht, getan oder versucht worden wäre. Diese beiden Revolutionen haben die Illegitimität der absoluten Staatsgewalt verkündet: die freie Zustimmung zu Gesetzen oder Steuern und das Recht zu bewaffnetem Widerstand gehörten zu den wesentlichen Grundsätzen des Lehnswesens, und die Kirche hat oft jene Worte des Heiligen Isidor[30] wiederholt: ‚Der ist König, der sein Volk gerecht regiert; handelt er anders, wird er nicht mehr König sein.' Die Revolutionen haben die Privilegien angegriffen und sich darum bemüht, in das soziale Leben mehr Gleichheit hineinzutragen: das gleiche haben die Könige in ganz Europa getan, und bis zu unseren Tagen beruhen die Fortschritte der Rechtsgleichheit auf den Gesetzen und Maßnahmen fortschrittlicher Art des Königtums. Die Revolutionen haben verlangt, daß die Ämter im Staat allen Bürgern offen stünden, daß sie nur nach dem Verdienst zugeteilt werden sollten: das ist das grundlegende Prinzip der inneren Verfassung der Kirche, und sie hat dieses Prinzip nicht nur in Kraft gesetzt, sondern sich laut zu ihm bekannt. Ob man nun die allgemeinen Lehren dieser beiden Revolutionen betrachtet, oder auch die Anwendung dieser Lehren, ob es sich um die Regierung des Staates oder die bürgerliche Gesetzgebung, um die Fragen des Eigentums oder der Person, um Freiheit oder Macht handelt, man wird nichts finden, was in der Erfindung ihnen angehört, nichts, was sich nicht in gleicher Weise in den Zeiten anfindet, die man die regulären nennt, oder was doch zum mindesten in ihnen entstanden ist."

Geschichte der englischen Revolution. 1826–1856

Fustel de Coulanges[31], Das Elsaß und die Revolution von 1789:

16 „Was die Nationen unterscheidet, ist weder die Rasse noch die Sprache. Die Menschen fühlen in ihrem Herzen, daß sie ein und dasselbe Volk sind, wenn unter ihnen eine Gemeinsamkeit der Gedanken, Interessen, Neigungen, Erinnerungen und Hoffnungen besteht. Das begründet das Vaterland. Deswegen wollen die Menschen einen gemeinsamen Weg gehen, gemeinsam arbeiten, gemeinsam kämpfen,

[28] 1787–1874, französischer Historiker, der als Staatsmann im Bürgerkönigtum Louis-Philippes eine führende Rolle spielte

[29] Die puritanische, von Cromwell geführte Revolution gegen den Stuart-König Karl I.

[30] 560–63 n. Chr., Erzbischof von Sevilla, der als bedeutender Kirchenvater im Mittelalter hohes Ansehen genoß

[31] 1830–1889, französischer Historiker, Professor an der Straßburger Universität 1861–1870

füreinander leben und sterben. Das Vaterland ist das, was man liebt. Der Rasse und der Sprache nach mag das Elsaß deutsch sein; dem National- und dem Vaterlandsgefühl nach ist es französisch. Und wissen Sie, was es dazu gemacht hat? Nicht Ludwig XIV., sondern unsere Revolution von 1789. Seit dieser Zeit ist das Elsaß den ganzen Weg unseres Schicksals gegangen, hat es unser Leben gelebt. Alles, was wir dachten, dachte es auch; alles, was wir fühlten, fühlte es auch. Es hat an unseren Siegen und unseren Rückschlägen, unserem Ruhm und unseren Fehlern, unseren Freuden und allen unseren Leiden teilgehabt. Mit Euch aber hatte es nichts gemein. Frankreich ist ihm Vaterland. Deutschland gilt ihm als Ausland."

Antwort an den Berliner Universitätsprofessor Theodor Mommsen[32], *27. Oktober 1870*

Albert Sorel[33], Die Bedeutung der Französischen Revolution für Frankreich und für Europa:

17 „Die Franzosen fügten die Revolution in den großen römischen Zug ihrer Geschichte ein; sie machten daraus ein lebensvolles Werk, und die nationalisierte Revolution machte aus den Franzosen die große Nation. Die französische Demokratie nahm so den klassischen Plan der Könige wieder auf und vollendete ihn: die militärische, politische, rechtliche und geistige Beherrschung des Kontinents; sie übertraf Ludwig XIV., griff das Werk Karls des Großen wieder auf und verwirklichte den jahrhundertealten Traum: das Römische Reich der modernen Welt, den römischen Frieden durch und für die Franzosen.

Dieses vermessene Unternehmen glückte, weil die Franzosen die Revolution in sich verwirklichten, weil sie aus einer kosmopolitischen Idee eine französische Wirklichkeit machten, weil sie die Menschenrechte mit den Rechten des Franzosen und ihre Beherrschung der alten Welt mit der Befreiung der Völker Europas verwechselten. Das Unternehmen brach gerade durch die Wirkung seines Erfolges zusammen; nach dem Beispiel der Franzosen machten all die unterworfenen Völker aus den Menschenrechten ihre eigenen Rechte, und sie wollten keine andere Befreiung anerkennen als die, die sie selbst durch ihre Befreiung von Fremdherrschaft bewirkten.

Die Kraft der Revolution in der Welt stammt also aus dem besonderen Charakter ihrer Anwendung bei jedem einzelnen der Völker, bei denen sie sich durchsetzte. Wie in Frankreich war sie überall ausschließlich national. Für jedes Volk ist sie zu seinem Besitztum und zwar zu seinem hauptsächlichen Besitztum geworden, zu einem Besitztum, das alle anderen beherrscht und aus dem alle anderen hervorgehen; die nationale Unabhängigkeit bedeutet für alle Völker das, was für das neugeborene Kind der erste Atemzug ist, die erste Bekundung des Lebens, und bis zum Ende die unerläßliche Bedingung des Lebens.

Der Kampf der Völker, den jedes einzelne von ihnen führt, um die Selbstregierung oder Demokratie zu gewinnen, um seine Unabhängigkeit gegenüber anderen Völkern

[32] 1817–1903, deutscher Historiker, dessen Hauptwerk seine „Römische Geschichte" ist und der politisch als Liberaler ein scharfer Gegner Bismarcks war

[33] 1842–1906, französischer Historiker, der in einer achtbändigen Darstellung das Problem „Europa und die Französische Revolution" gründlich untersucht hat

zu erringen, erfüllt das 19. Jahrhundert; er hat das durch und durch nationale Europa geschaffen, in dem wir leben. Diese beiden Tatsachen bedingen sich gegenseitig. Sie gehen beide aus der Französischen Revolution hervor; sie drücken auf zwei Weisen ein gleiches Prinzip aus, das der nationalen Souveränität. Frankreich, das dieses Prinzip als erstes Land verkündet hat, erfaßte es mit Gerechtigkeitssinn und Großmut: Das Land, das ich liebe, das ist mein Vaterland. Das ist im echten Geist der Französischen Revolution das grundlegende Axiom des Nationalismus. In diesem Sinn wird das Nationalprinzip zu einem Prinzip der Gerechtigkeit. Frankreich kann es sich zur Ehre anrechnen, daß es sein öffentliches Recht auf diesem Prinzip begründet hat, das allein Eroberungen rechtfertigt, in dem Sinne nämlich, daß die Völker allein das Recht haben, über sich zu verfügen, und daß keine Änderung in ihrem nationalen Schicksal rechtmäßig ist, wenn sie nicht durch ihre direkte, allgemeine und freie Abstimmung ratifiziert wird.
Gewiß hat Frankreich im Lauf seines Kampfes mit Europa zu häufig dieses Prinzip vernachlässigt; als Sieger über die alten Monarchien hat es sich mit ihnen verglichen und mit ihnen paktiert, gemäß ihren Bräuchen und Sitten. Ihrerseits schließlich siegreich, haben diese Monarchien keineswegs ihre Bräuche geändert, und so hat das Recht der Eroberung Europa von 1793 bis 1815 beherrscht."

Die Französische Revolution und Europa. 1885–1904

Auseinandersetzung der Deutschen mit der Revolution

Leopold von Ranke[34], Die bleibende Bedeutung der Französischen Revolution von 1789:

18 „Frankreich war nur dadurch zu einer Übermacht gelangt, daß es mitten in seiner wilden Bewegung das Gemeingefühl der Nation lebhafter als je zu erhalten, die nationalen Kräfte in einer so ungemeinen Ausdehnung zu dem einzigen Zwecke des Krieges anzustrengen gewußt hatte.
Wollte man ihm widerstehen oder je diese Übermacht noch einmal zu brechen die Hoffnung fassen dürfen, so war da nicht mit Mitteln auszureichen, wie sie bisher genügt hatten; selbst eine Verbesserung der Militärverfassung allein hätte noch nicht geholfen; es gehörte eine gründlichere Erneuerung dazu, um alle Kräfte zusammenzunehmen, in deren Besitz man sein mochte; man mußte sich entschließen, jene schlummernden Geister der Nationen, von denen bisher das Leben mehr unbewußt getragen worden, zu selbstbewußter Tätigkeit aufzuwecken.
Es müßte eine herrliche Arbeit sein, dieser Verjüngung des nationalen Geistes in dem ganzen Umfang der europäischen Völker und Staaten nachzuforschen, die Ereignisse zu bemerken, die ihn wieder erweckten, die Zeichen, die seine erste Erhebung ankündigten, die Mannigfaltigkeit der Bewegungen und Institutionen, in denen er sich

[34] 1795–1886, deutscher Historiker, der als Begründer der modernen Geschichtswissenschaft das abendländische Geschichtsbild geprägt hat. Vor allem wollte er die leitenden Tendenzen der Geschichte, die Ideen, als die beherrschenden Kräfte aufzeigen.

allenthalten aussprach, die Taten endlich, in denen er siegreich hervortrat. Doch ist dies ein so weit aussehendes Unternehmen, daß wir es hier auch nicht einmal berühren könnten.

Gewiß ist, daß man erst dann mit einiger Aussicht auf Erfolg zu streiten anfing – 1809 –, als man hierin der Forderung des Weltgeschickes ein Genüge zu leisten begann. Als in wohlgeordneten Reichen ganze Einwohnerschaften ihre althergebrachten Wohnsitze, an die selbst die Religion knüpfte, verließen und sie den Flammen preisgaben – als große Bevölkerungen, von jeher an ein friedlich bürgerliches Leben gewöhnt, Mann bei Mann zu den Waffen griffen – als man zugleich des ererbten Haders endlich wirklich vergaß und sich ernstlich vereinigte – erst da, nicht eher gelang es, den Feind zu schlagen, die alte Freiheit wiederherzustellen und Frankreich in seine Grenzen einzuschließen, den übergetretenen Strom in sein Bett zurückzutreiben. Wenn es das Ereignis der letzten hundert Jahre vor der Französischen Revolution war, daß die großen Staaten sich erhoben, um die Unabhängigkeit von Europa zu verfechten, so ist es das Ereignis der seitdem verflossenen Periode, daß die Nationalitäten selbst sich verjüngt, erfrischt und neu entwickelt haben. Sie sind in den Staat mit Bewußtsein eingetreten, er würde ohne sie nicht bestehen können."

Die großen Mächte

Friedrich Engels[35], Der idealisierte Geist der Bourgeoisie

19 „Die großen Männer, die in Frankreich die Köpfe für die kommende Revolution klärten, traten selbst äußerst revolutionär auf. Sie erkannten keine äußere Autorität an, welcher Art sie auch sei. Religion, Naturanschauung, Gesellschaft, Staatsordnung, alles wurde der schonungslosesten Kritik unterworfen; alles sollte sein Dasein vor dem Richterstuhl der Vernunft rechtfertigen oder aufs Dasein verzichten. Der denkende Verstand wurde als alleiniger Maßstab an alles angelegt. Es war die Zeit, wo, wie Hegel[36] sagt, die Welt auf den Kopf gestellt wurde, zuerst in dem Sinn, daß der menschliche Kopf und die durch sein Denken gefundenen Sätze den Anspruch machten, als Grundlage aller menschlichen Handlung und Vergesellschaftung zu gelten; dann aber später auch in dem weiteren Sinn, daß die Wirklichkeit, die diesen Sätzen widersprach, in der Tat von oben bis unten umgekehrt wurde. Alle bisherigen Gesellschafts- und Staatsformen, alle altüberlieferten Vorstellungen wurden als unvernünftig in die Rumpelkammer geworfen; die Welt hatte sich bisher lediglich von Vorurteilen leiten lassen; alles Vergangene verdiente nur Mitleid und Verachtung. Jetzt erst brach das Tageslicht, das Reich der Vernunft an; von nun an sollte der Aberglaube, das Unrecht, das Privilegium und die Unterdrückung verdrängt werden durch die ewige Wahrheit, die ewige Gerechtigkeit, die in der Natur begründete Gleichheit und die unveräußerlichen Menschenrechte.

[35] 1820–1895, führender Mitbegründer der sozialistischen Lehre, verfaßte mit Karl Marx 1847 das „Kommunistische Manifest", entwickelte nach dessen Tod die marxistischen Lehren weiter

[36] Hegels Philosophie (vgl. Anm. 23) hat starken Einfluß auf Marx und Engels ausgeübt.

Wir wissen jetzt, daß dieses Reich der Vernunft weiter nichts war als das idealisierte Reich der Bourgeoisie; daß die ewige Gerechtigkeit ihre Verwirklichung fand in der Bourgeoisjustiz; daß die Gleichheit hinauslief auf die bürgerliche Gleichheit vor dem Gesetz; daß als eines der wesentlichsten Menschenrechte proklamiert wurde – das bürgerliche Eigentum; und daß der Vernunftstaat, der Rousseausche Gesellschaftsvertrag[37] ins Leben trat und nur ins Leben treten konnte als bürgerliche demokratische Republik. So wenig wie alle ihre Vorgänger konnten die großen Denker des 18. Jahrhunderts hinaus über die Schranken, die ihnen ihre eigene Epoche gesetzt hatte ... Saint-Simon[38] stellte bereits in seinen Genfer Briefen den Satz auf, daß ‚alle Menschen arbeiten sollen'. In derselben Schrift weiß er schon, daß die Schreckensherrschaft die Herrschaft der besitzlosen Massen war. ‚Seht an', ruft er ihnen zu, ‚was sich in Frankreich ereignet hat zu der Zeit, als eure Kameraden dort geherrscht, sie haben die Hungersnot erzeugt'. Die Französische Revolution aber als einen Klassenkampf, und zwar nicht bloß zwischen Adel und Bürgertum, sondern zwischen Adel, Bürgertum und Besitzlosen aufzufassen, war im Jahre 1802 eine höchst geniale Entdeckung." *Die Entwicklung des Sozialismus von der Utopie zur Wissenschaft. 1882*

Houston Stewart Chamberlain[39], Die Revolution – der Anfang vom Ende:

20 „Es gehört zu den erstaunlichsten Verirrungen des Menschenurteils, die Französische Revolution, diese Katastrophe, als den Morgen eines neuen Tages, als einen Grenzpfahl der Geschichte zu betrachten. Lediglich dadurch, daß die Reformation in Frankreich nicht zum Durchbruch hatte kommen können, wurde die Revolution unumgänglich. Frankreich war noch zu reich an unverfälscht germanischem Blute, um wie Spanien schweigend zu verrotten, zu arm daran, um sich aus der verhängnisvollen Umarmung der theokratischen Weltmacht vollends loszuringen ... ‚Nie wurde ein großes Werk von so kleinen Menschen vollbracht', ruft Carlyle[40] in bezug auf die Französische Revolution aus. Und man werfe nur nicht ein, daß ich die wirtschaftliche Lage unbeachtet lasse; sie ist ja allbekannt, und auch ich schätze ihren Einfluß nicht gering; doch bietet die Geschichte kein einziges Beispiel einer mächtigen Empörung, welche einzig durch wirtschaftliche Zustände bedingt gewesen wäre; der Mensch kann fast jeden Grad des Elends ertragen, und je elender er ist, um so schwächer ist er; darum haben die großen wirtschaftlichen Umwälzungen mit ihren bitteren Härten, trotz einzelner Aufstände, immer einen verhältnismäßig ruhigen Gang genommen, indem sich die einen nach und nach an neue, ungünstigere Verhält-

[37] Vgl. FR, Nr. 3

[38] 1760–1825, französischer Denker und Politiker, einer der wichtigsten Anreger der sozialistischen Bewegung

[39] 1855–1927, Schriftsteller und Kulturphilosoph, der von der Überlegenheit des „arischen" Geistes überzeugt war, Engländer von Geburt, aber Wahldeutscher aus Bewunderung der deutschen Kultur, insbes. Goethes und Wagners

[40] 1795–1881, englischer Schriftsteller und Historiker, stark von den Philosophen des deutschen Idealismus und von Goethe beeinflußt, Verfasser einer höchst lebendig geschriebenen Darstellung der Französischen Revolution (1837)

nisse, die anderen sich an neue Ansprüche gewöhnten. Die Geschichte bezeugt es ja auch: nicht der arme bedrückte Bauer hat die Französische Revolution gemacht, auch nicht der Pöbel, sondern die Bürgerschaft, ein Teil des Adels und ein bedeutender Bruchteil der noch immer national gesinnten Priesterschaft, und zwar diese alle aufgeweckt und angestachelt von der geistigen Elite der Nation. Der Sprengstoff in der Französischen Revolution war ‚graue Hirnsubstanz'. Und da ist es für ein richtiges Verständnis vor allem nötig, jenes innerste Rad der politischen Maschine genau im Auge zu behalten, jenes Rad, bestimmt, das innerste Wesen des einzelnen Menschen mit der Allgemeinheit in Verbindung zu setzen. In einem entscheidenden Augenblick hängt hiervon alles ab. Dem Franzosen war nun, als die Revolution ausbrach, die Religion geraubt worden, und er fühlte so wohl, was ihm fehlte, daß er mit rührender Hast und Unerfahrenheit von allen Seiten sie aufzubauen suchte. Die *assemblée nationale* hält ihre Sitzungen *sous les auspices de l'Etre suprême*[41] ab; die Göttin der Vernunft wird in Fleisch und Blut auf den Altar gehoben; die *déclaration des droits de l'homme* ist ein religiöses Bekenntnis: wehe dem, der es nicht anbetet! Noch deutlicher erblicken wir den religiösen Bestandteil dieser Bestrebungen in dem schwärmerischsten und einflußreichsten Geist unter denen, die der Revolution vorgearbeitet haben, in Jean-Jacques Rousseau[42], dem Idol Robesperres[43], einem Manne, dessen Gemüt von der einen Sehnsucht nach Religion erfüllt gewesen war. Doch in allen diesen Dingen zeigt sich eine derartige Unkenntnis der Menschennatur, eine solche Seichtigkeit des Denkens, daß man Kinder oder Tollhäusler am Werk zu sehen glaubt. Durch welche Verirrung des historischen Urteilsvermögens konnte unser ganzes Jahrhundert unter dem Wahne stehen – und sich davon tief beeinflussen lassen –, die Franzosen hätten mit ihrer ‚großen Revolution' der Menschheit eine Fackel angezündet? Die Revolution ist der Ausgang einer Tragödie, die zwei Jahrhunderte gewährt hatte, deren erster Akt mit der Ermordung Heinrichs IV.[44] schließt, der zweite mit der Aufhebung des Edikts von Nantes[45], während der dritte mit der Bulle *Unigenitus*[46] beginnt und mit der unausbleiblichen Katastrophe endet. Die Revolution ist nicht der Anfang eines neuen Tages, sondern der Anfang des Endes ... Die eigentliche Revolution – *le peuple souverain* – hat absolut gar nichts getan als zerstören. Doch schon die Konstituante stand unter der Herrschaft des neuen Gottes, mit dem Frankreich die Welt beschenken sollte, des Gottes der Phrase. Man nehme nur jene vielgenannten *droits de l'homme* zur Hand – gegen die der große Mirabeau[47] vergeblich geeifert hatte, indem er zuletzt ausrief: ‚Nennt es wenigstens

[41] = „unter dem Schutze des Höchsten Wesens"

[42] Vgl. FR, Nr. 3 [43] Vgl. FR, Nr. 19 und weiterhin

[44] 1610 wurde der französische König Heinrich IV. von dem katholischen Fanatiker Ravaillac ermordet; er hatte 1598 das Edikt von Nantes erlassen, das den französischen Hugenotten freie Religionsausübung gewährte.

[45] Durch König Ludwig XIV., der die katholische Glaubenseinheit des französischen Volkes wiederherstellen wollte

[46] Lat. = „der eingeborene Sohn", das erste Wort der Bulle, mit der Papst Klemens XI. 1713 auf Drängen des französischen Königs Ludwigs XIV. die jansenistische Lehre verbot

[47] 1749–1791, Graf Mirabeau, französischer Adliger, der sich 1789 an die Spitze der revolutionären Bewegung des Dritten Standes stellte und eine konstitutionelle Monarchie anstrebte

nicht Rechte; sagt einfach: Im allgemeinen Interesse ist bestimmt worden ...‘ – die aber noch heute bei ernsten französischen Politikern als die Morgenröte der Freiheit gelten. Im Eingang steht: ‚L'oubli ou le mépris des droits de l'homme sont l'unique cause des malheurs publics.‘[48] Man kann unmöglich oberflächlicher denken und falscher urteilen. Nicht daß die Franzosen die Menschen*rechte,* sondern daß sie die Menschen*pflichten* vergaßen oder verachteten, hatte das öffentliche Unglück herbeigeführt ...

Man begreift, daß ein so gescheiter Mann wie Adolphe Thiers[49] in seiner ‚Geschichte der Revolution‘ möglichst schnell über diese Erklärung der Menschheitsrechte hinwegzuleiten sucht, indem er meint, es sei ‚nur schade um die Zeit, die man auf solche pseudophilosophische Gemeinplätze verschwendet hat‘. Die Sache darf aber nicht so leicht genommen werden, denn das traurige Vorwalten von abstrakter, allgemein ‚menschheitlicher‘ Prinzipienreiterei an Stelle der staatsmännischen Einsicht in die Bedürfnisse und die Möglichkeiten eines bestimmten Volkes in einem bestimmten Augenblick wirkte fortan wie alles Schlechte ansteckend. Hoffentlich kommt der Tag, wo jeder vernünftige Mensch weiß, wo solche Dinge wie die *Déclaration* hingehören: nämlich in den Papierkorb."

Die Grundlagen des 19. Jahrhunderts. 1899. II S. 851 f., 853 f.

[48] = „Das Vergessen oder die Mißachtung der Menschenrechte sind die einzige Ursache der öffentlichen Mißstände." Vgl. FR, Nr. 17

[49] 1797–1877, bedeutender französischer Politiker und Historiker, Verfasser einer zehnbändigen Geschichte der Französischen Revolution (1823–1827)

Urteile des 20. Jahrhunderts

Auseinandersetzung der Franzosen mit ihrer Revolution

Alphonse Aulard[50], Vom wahren Sinn der Französischen Revolution:

21 „Es scheint mir, daß die in diesem Buch vereinigten Tatsachen dem Begriff ‚Französische Revolution' seinen zweideutigen Sinn nehmen. Man hatte die Gewohnheit angenommen, mit dem gleichen Wort einerseits die grundlegenden Prinzipien der Französischen Revolution und die diesen Prinzipien entsprechenden Taten zu bezeichnen, andrerseits die Epoche, während derer die Revolution stattfand, mit all den Taten dieser Zeit, gleich ob sie diesen Prinzipien entsprachen oder ihnen zuwider waren. Diese Verwirrung ist der Wahrheit ebenso schädlich wie nützlich für die Befürworter der rückschrittlichen Politik, denn sie gestattete es, der Revolution, die als eine Art geschichtlicher Persönlichkeit betrachtet wurde, die unerfreulichsten und sogar die gegenrevolutionärsten Taten zuzuerkennen. Die mißbräuchliche Art zu sagen: ‚Die Revolution hat dieses getan oder nicht getan' hatte zur Folge, daß man in der Revolution eine Art uneinheitlicher, launenhafter, gewaltsamer, blutdürstiger Macht sah. So hat man es sogar versucht, selbst die Prinzipien der Revolution in Verruf zu bringen, besonders durch die Bemühungen und zu Nutzen derer, die diese Prinzipien als satanisch betrachteten und die Gesellschaft nach den entgegengesetzten Prinzipien beherrschen möchten. Ich möchte meinen, daß jetzt die Begriffe geklärt sind: die Revolution besteht in der Erklärung der Menschenrechte, die 1789 abgefaßt und 1793 vervollständigt wurde, und in den Versuchen zur Verwirklichung dieser Erklärung; die Gegenrevolution, das sind die Versuche, die Franzosen von der Befolgung der Prinzipien der Erklärung der Menschenrechte abzubringen, d. h. nicht dem durch die Geschichte aufgeklärten Verstand zu folgen.
Die Französische Revolution ist gleichsam ein politisches und soziales Ideal, ein rationales Ideal, das die Franzosen teilweise zu verwirklichen gesucht haben, während es seitdem die Historiker unternommen haben, es entweder mit seiner oft uneinheitlichen Anwendung zu vermischen oder auch mit den Ereignissen, die gerade die Feinde dieses Ideals hervorgerufen hatten, um es zu beseitigen oder zu verschleiern. Ich hoffe, daß dieses Buch dazu beigetragen hat, diese gefährliche Zweideutigkeit zu beseitigen."

Politische Geschichte der Französischen Revolution. 1901. S. 782 f.

[50] 1849–1923, französischer Historiker, 1886–1923 Professor für Revolutionsgeschichte an der Pariser Sorbonne, gilt als der Begründer einer wirklich wissenschaftlichen Behandlung der Französischen Revolution

Maurice Barrès[51], Das Nationalitätsprinzip, die unmittelbare Konsequenz der Revolution:

22 „Die französische Philosophie und die Französische Revolution haben der Gesellschaft eine Begründung im Naturrecht, d. h. in der Logik gegeben. Diese Philosophen und diese Juristen erklärten, die Menschen seien überall die gleichen, und sie hätten Rechte in ihrer Eigenschaft als Menschen; daher die ‚Erklärung der Menschen- und Bürgerrechte'.

Insoweit, aber nur insoweit, war die Revolution weltbürgerlich. Aber welche Konsequenzen hat sie daraus für die politische Gestaltung gezogen? Dachte die Französische Revolution daran, die Grenzen aufzuheben und einen einzigen Staat zu schaffen?

Sie hätte es nicht gekonnt, und sie hat es nicht gewollt. Sie hat den Grundsatz aufgestellt, daß die Völker sich selbst zu regieren hätten. Wie haben sie ihn benutzt? Indem sie das Nationalitätsrecht angewendet haben.

Das Nationalitätsprinzip ist unmittelbare Konsequenz der Revolution, eine Konsequenz, die den Führern der Revolution selbst gar nicht bewußt geworden ist, aber die sich vollkommen logisch in der politischen Entwicklung ergab. Das Naturrecht, das die Revolution durchgesetzt hat, befreit uns vom historisch gegebenen Vertrag. Frei von Verträgen, von alten Gerechtsamen, nur der Logik unterworfen, entschlossen sich die Menschen, ganz von selber sich nach Völkern zu gliedern, die denselben Schatz von Überlieferungen, von gemeinsamen Lebensformen hatten. Sie ließen es sich nicht mehr gefallen, daß man sie verschieben könnte durch Eroberungen, durch Heiratsverträge, durch Testamente, sie setzten das natürliche Recht anstelle des historischen, und so näherten sich, so vereinigten sich diejenigen, die eine Sprache sprachen. Dieselbe Sprache, gemeinsame Überlieferungen, das bildet die Nationalitäten. So erschienen wieder auf der Bildfläche die Völker der Tschechen, der Iren usw.

Und worin suchten sie ihre Bestätigung? Im Haß gegen den Nachbarn! Man muß sich nur die Völker ansehen, die der türkischen Unterdrückung entronnen sind: was ist das erste, das sie tun? Serben, Griechen, Bulgaren: sie verfolgen sich, ein Volk das andere!" *Der Nationalismus in Beispiel und Lehre. 1902*

Paul Seippel[52], Das Werk der Revolution:

23 „Gleich zu Anfang der Revolution hat Mirabeau[53] mit seinem scharfen Blick die wesentlichen Ziele erkannt, denen sie zustrebte. ‚Vergleichen Sie die neue Lage mit dem früheren Zustand!' schrieb er im geheimen an den König; ‚daraus ergibt sich Trost und Hoffnung. Ein Teil der Handlungen der Nationalversammlung, und zwar der größte Teil, ist offenbar für das monarchische System günstig. Bedeutet es denn nichts, wenn es jetzt keine Gerichtsparlamente, keine Vertretung der

[51] 1862–1923, französischer Schriftsteller, geborener Lothringer, der in seinen Romanen und politischen Schriften leidenschaftlich für die Erneuerung des französischen Nationalismus gekämpft hat

[52] 1858–1926, Literarhistoriker und Kulturhistoriker

[53] Vgl. Anm. 47

Geistlichkeit, keine Privilegierten, keinen Adel mehr gibt? Der Gedanke, nur eine einzige Klasse von Bürgern zu bilden, hätte Richelieu[54] gefallen; diese Gleichheit erleichtert die Ausübung der Macht. Mehrere Epochen absoluter Herrschaft hätten nicht soviel erreichen können für die königliche Macht wie dieses einzige Jahr Revolution.'

In einer Nacht[55] hat die Gesetzgebende Versammlung das zerstört, was von dem Lehnssystem übrig geblieben war; sie hat das geschafft, was weder Richelieu noch Ludwig XIV. bewirken konnten. Der Dritte Stand scheint zunächst seine historische Rolle der Stütze der königlichen Gewalt gegen die Ansprüche des Adels zu bewahren ... Später, wenn die Revolution mit dem Königtum bricht, da geschieht das nur, damit er seine Rolle wieder aufnehmen und sein Programm erfüllen kann.

Tocqueville[56] hat das klar aufgezeigt, und das ist eines der wesentlichen Ergebnisse seiner Untersuchung. Worin bestand das eigentliche Werk der Revolution? hat er sich gefragt. Sie hat danach gestrebt, ‚die Macht und die Rechte der Staatsgewalt zu vergrößern', die feudalen Einrichtungen zu beseitigen, ‚um an ihre Stelle eine einheitlichere und einfachere politische Ordnung zu setzen, deren Grundlage die Gleichheit der Lebensbedingungen war'.

Niemand soll sich in die öffentlichen Angelegenheiten einmischen, das ist ein Gebiet, das der Staatsverwaltung vorbehalten ist. Alle sekundären Machtbefugnisse sind beseitigt worden. Zwischen der Staatsgewalt und den einzelnen Menschen ist nur noch ein ungeheurer leerer Raum. Man begreift, daß diese Gewalt allen Franzosen von weitem erscheint ‚als die einzige Triebkraft des gesellschaftlichen Apparats, als der einzige und notwendige Vertreter des öffentlichen Lebens'. Das war der Gedanke der Philosophen, das wird auch der der Jakobiner und all ihrer Nachfolger sein.

Nachdem die Regierung so die Stelle der Vorsehung eingenommen hat, richtet jeder die Augen unaufhörlich auf sie, jeder ruft sie bei seinen besonderen Nöten an. Der Bauer verlangt, daß man ihn für den Verlust seines Viehs entschädigt; der Industrielle fordert, daß das Schatzamt ihn gegen die Konkurrenz schützt, daß man ihm Gelder leiht, um seine Geschäfte in Ordnung zu bringen. In Zeiten der Hungersnot wendet sich die Bevölkerung jedes Bezirkes geschlossen an den Regierungsvertreter, und sie scheint nur von ihm ihre Ernährung zu erwarten.

Wenn diese Zentralisierung der Verwaltung in Frankreich auf weniger Widerstand als sonstwo gestoßen ist, wenn die Staatsallmacht sich in diesem Land rascher und vollkommener hat durchsetzen können als in irgendeinem anderen Lande, dann geschah das, weil die Menschen dazu schon seit langem von der Kirche vorbereitet waren. Von vornherein war der Wille des Einzelnen unter die allgemeine Vorschrift gebeugt, die Seele an Gehorsam gewöhnt. Der Mensch, der die Leitung seines Gewissens einer Gewalt überlassen hat, ist bereit, alles übrige einer anderen Gewalt

[54] 1585–1642, bedeutender französischer Staatsmann, der ab 1624 als leitender Minister unter Ludwig XIII. die absolute Königsmacht gegen die Hugenotten und gegen den Hochadel durchsetzte

[55] In der Nacht vom 4. zum 5. August 1789. Vgl. FR, Nr. 14–16

[56] 1805–1859, französischer Historiker, der in seinem Werk „L'Ancien Régime et la Révolution" 1856 die wirklichen Ursprünge der Französischen Revolution aufdecken wollte

zu überlassen; es gibt in ihm nichts Unberührbares mehr. Der Mensch, der die Gewohnheit angenommen hat, die Kirche nach dem zu fragen, was er glauben soll, den Staat nach dem, was er tun soll, kann noch handeln, wenn er gelenkt wird, aber er kann sich nicht mehr widersetzen.
Tocqueville macht jene Bemerkung, Frankreich sei das Land, in dem die Menschen einander am ähnlichsten geworden seien. Das ist das Zeichen dafür, daß die römische Erziehung ihre Früchte getragen hat." *Die zwei Frankreich. 1905*

Jean Jaurès[57], Frankreichs Wort wird Fleisch im Proletariat:

24 „Meine Herren, von nun an bilden die Arbeiter, die Schaffenden – wie sehr sie auch immer noch zurückgesetzt werden – nicht nur in bezug auf die politischen Freiheiten eine Gemeinschaft mit dem Vaterlande, sondern auch im Bereiche des Geistes. Aber das französische Gedankengut dringt nicht nur durch die Bücher, sondern durch eine lebendige und wirksame Überlieferung allmählich in den Geist der Arbeiterklasse, in den Geist des Proletariats ein. Die Arbeiter des 18. Jahrhunderts hatten sehr wenig Voltaire[58], Rousseau[59], Diderot[60] und die Enzyklopädie[61] gelesen. Und dennoch: als sie zu Beginn der Revolution vor die Notwendigkeit gestellt wurden, die aufkommenden revolutionären Freiheiten gegen die Kirche zu verteidigen, eigneten sie sich in wenigen Monaten die ganze Kritik Voltaires an, nur in den Arbeitern unserer Vorstädte hat sie alle ihre Lebhaftigkeit und ihr ganzes sprühendes Feuer bewahrt.
Sie hatten Jean-Jacques[62] nicht gelesen ..., aber als die Verfassunggebende Versammlung aktive und passive Bürger schuf[63], als das Volk zur Verteidigung seines Rechts gezwungen war, die uneingeschränkte Demokratie zu verkünden, eignete sich dieses Volk, und es allein, die von Jean-Jacques aufgestellte Grundlehre an und brachte sie bis zum Schluß in ihren letzten Folgerungen zur Anwendung[64].
Genau so hatten es die Arbeiter nicht nötig, das nachzulesen, was in der Enzyklopädie über die technischen Einzelheiten der Industrie steht, was die Handarbeit preist; sie brauchten es nicht zu lesen, um sich in der Demokratie, im Vaterland, allmählich der Würde, der Schönheit und der Macht des von ihnen ausgeübten handwerklichen Berufes bewußt zu werden. Und jetzt, wo sie durch den Zusammenschluß der Gewerkschaften und aller Berufsverbände insgesamt die ganze Willenskraft des Arbeiterfleißes in einer harmonischen Organisation erfassen, verwirklichen sie eine Art

[57] 1859–1914, führender französischer Sozialist vor 1914
[58] 1694–1778, führender Kopf der französischen Aufklärung, so bes. im Kampf für Gerechtigkeit und Toleranz, gegen Fanatismus
[59] Vgl. FR, Nr. 3
[60] 1713–1784, einer der bedeutendsten Vertreter der französischen Aufklärung, mit d'Alembert zusammen Herausgeber der französischen „Encyclopédie"; vgl. Anm. 61
[61] Ein Werk von 35 Bänden, 1751–1780, in dem durch eine ganze Reihe französischer Aufklärer das gesamte Wissen der Zeit kritisch im Sinne der Aufklärung zusammengefaßt wurde.
[62] D. h. Jean-Jacques Rousseau
[63] Vgl. FR, Nr. 19 und Nr. 21
[64] Vgl. FR, Nr. 44

leibhaftiger Enzyklopädie, welche die Erfüllung der Enzyklopädie des 18. Jahrhunderts darstellt. Demnach, meine Herren, dringt Frankreichs Geistesgut nicht durch die Überlieferung der Bücher, sondern durch die Überlieferung der Geschichte in den eigentlichen Kern der Arbeiterklasse ein. Frankreichs Wort wird Fleisch im Proletariat."

Der bedrohte Friede. 1903–1906

Charles Péguy[65], Eine schreckliche, mühselige, furchterregende Geburt:

25 „Diese Wahlen kommen Ihnen heute als groteske, durch und durch verlogene und in allen Stücken auf Schwindel aufgebaute Formsache vor, und Sie haben das Recht, dies zu sagen. Aber Menschen haben gelebt, Menschen ohne Zahl, Helden, Märtyrer, ich möchte sagen Heilige – und wenn ich sage Heilige, weiß ich wohl, was ich sage –, Menschen ohne Zahl haben gelebt, heldisch, heilig, Menschen haben gelitten, Menschen sind gestorben, ein ganzes Volk hat dafür gelebt, daß der letzte Trottel heute das Recht hat, diese schwindelhafte Formsache zu vollziehen. Es war eine schreckliche, mühselige, furchterregende Geburt. Es war nicht immer das Letzte an Groteskem. Und die Völker um uns, ganze Völker, Rassen, quälen sich in der gleichen schmerzhaften Geburt, sie quälen sich und ringen, um diese lachhafte Formsache zu erringen. Die Wahlen sind lachhaft, aber es gab eine Zeit, eine heldische Zeit, da ließen sich Kranke und Sterbende in Tragstühlen befördern, um ihren Stimmzettel in die Urne zu werfen. Der Ausdruck ‚den Stimmzettel in die Urne werfen', kommt Ihnen als das letzte an Groteskem vor. Er wurde von einem Jahrhundert heldischen Ringens vorbereitet. Nicht heldisch im kitschigen literarischen Sinne. Von einem Jahrhundert unbestreitbarsten, echtesten Heldentums, dem französischsten, möchte ich sagen. Diese Wahlen sind lächerlich. Aber eine Wahl hat es gegeben. Nämlich die große Weltenteilung, die große Wahl der Welt von heute zwischen dem Ancien Régime und der Revolution. Es hat eine geheiligte Stichwahl gegeben. Es hat diese kleine Stichwahl gegeben, die in der Mühle von Valmy[66] begann und erst auf den Höhen von Hougaumont[67] endete. Es hat übrigens, wie alles in der Politik, schlecht und recht mit einem Vergleich zwischen den beiden gegnerischen Partien geendet.

Diese Wahlen sind lächerlich. Aber das Heldentum und die Heiligkeit, mit denen, mittels derer, weltlich gesehen, lächerliche Ergebnisse erzielt werden, ist das Größte, Weihevollste, Heiligste, Schönste, was es überhaupt gibt."

Unsere Jugend IX. 17. Juli 1910

[65] 1873–1914, französischer Schriftsteller von sozialistischer Gesinnung, aber zugleich überzeugter Katholik und Nationalist

[66] Vgl. Nr. 4

[67] Der Angriff auf das Gehöft Hougaumont von dem linken Flügel der Armee Napoleons leitete die Schlacht bei Waterloo ein; er blieb erfolglos.

Georges Lefebvre[68], Die Revolution der Freiheit und der Gleichheit:

26 „Durch ihren Ursprung ist die Revolution von 1789 aufs tiefste der Geschichte des französischen Volkes verbunden; durch ihr wesentliches Ergebnis trieb sie deren Entwicklung voran, aber sie änderte ihren Sinn nicht. Von den ‚Patriziern' begonnen, wie das Chauteaubriand[69] angemerkt hat, erscheint sie als der Schlußabschnitt des Kampfes, den der Adel gegen die Monarchie der Kapetinger[70] geführt hat, und auf Grund dieser Tatsache beendet sie den alten Teil der Geschichte des Königreiches. Von den ‚Plebejern' abgeschlossen, sicherte sie den Aufstieg des Bürgertums; sie leitet so die moderne Geschichte Frankreichs ein, aber sie ist deswegen nicht weniger ein Höhepunkt der vorangehenden Epoche, denn das allmähliche Heranwachsen dieser Klasse inmitten der von ihr untergrabenen Welt des Lehnsstaates stellt einen der beherrschenden Züge einer langen Entwicklung dar.

Weder der eine noch der andere dieser Wesenszüge trennt die Französische Revolution von Europa; in gleicher Weise vollzieht sich dort die Bildung aller Staaten auf Kosten des Adels, und alle wurden mehr oder weniger rasch von dem Aufstieg des Bürgertums beherrscht. Diese Revolution war keineswegs die erste, aus der diese Klasse Nutzen zog; vor ihr bezeichneten bereits die beiden Revolutionen in England[71] und in den Vereinigten Staaten[72] den Weg dieser Entwicklung.

Betrachtet man diese Revolution in der allgemeinen Bewegung der Kultur, dann erweitert sich ihre Bedeutung noch. Seit dem Ende der Einbrüche der Barbaren trieb Eroberungslust die Europäer zur Beherrschung des Erdballs, zu Entdeckungen und zur Unterwerfung der Naturkräfte, während sich in ihnen gleichzeitig der kühne Wille verstärkte, um des Glückes des Einzelnen und der Vervollkommnung des Menschengeschlechtes willen die Wirtschaft, die Gesellschaft und die Sitten planvoll zu gestalten. Das Bürgertum von 1789 sicherte dem Gelehrten die Freiheit der Forschung, dem Erzeuger die Freiheit der Wirtschaft; zu gleicher Zeit bemühte es sich, die politische und gesellschaftliche Organisation nach den Geboten des Verstandes zu entwickeln. Daher bezeichnet die Französische Revolution eine Entwicklungsstufe auf dem Schicksalsweg der abendländischen Welt.

Auf jeden Fall hätte das Bürgertum Zugang zur Macht gewinnen können, ohne deshalb mit dem Adel zu brechen. In England verbanden sich nach den Revolutionen des 17. Jahrhunderts Adlige und Bürger miteinander, um mit dem Herrscher die Macht zu teilen; in den Vereinigten Staaten schlossen sie letzteren gemeinsam aus; auf dem europäischen Festland bewahrten im Laufe des 19. Jahrhunderts die dynastischen Herrscher, die dem Zuge der geschichtlichen Entwicklung nachgaben, noch die Kontrolle über den Staat und brachten Kompromisse zustande. In Frankreich

[68] Zeitgenössischer französischer Historiker

[69] 1768–1848, führender Vertreter der französischen Frühromantik, Dichter, Schriftsteller und Politiker von konservativer Grundhaltung

[70] Das Herrscherhaus, das in Frankreich 987 mit Hugo Capet die Nachfolge der französischen Linie der Karolinger antrat und bis 1328 über Frankreich herrschte, in Seitenlinien bis 1792

[71] Die puritanische Revolution um die Mitte des 17. Jahrhunderts und die „Glorreiche Revolution" von 1688

[72] Der Unabhängigkeitskrieg der Vereinigten Staaten gegen das englische Mutterland 1776–1783

hingegen wollte der Adel sowohl dem Fürsten seine Macht aufzwingen als auch den Dritten Stand sich untertan halten; gegen den Adel machte sich das Bürgertum zum Apostel der Gleichheit der Rechte, und durch das Eingreifen der Volksmassen brach das ‚Ancien Régime' plötzlich zusammen; der Adel verlor so nicht nur seine Vorrechte, sondern auch einen Teil seines Besitzes und infolgedessen auch seiner sozialen Machtstellung. Aber die Handwerker und Bauern, die die Adligen unterstützt hatten, wandten sich gegen diese im Namen des von ihnen anerkannten Prinzips der Rechtsgleichheit, und so führte die Revolution für kurze Zeit zur politischen Demokratie.

So weckte sie mit ihren plötzlichen, raschen Wandlungen jenseits der Grenzen enthusiastische Hoffnungen, aber sie rief auch die heftige Reaktion der bedrohten Könige und Aristrokaten hervor. Infolgedessen gruppiert sich in den Jahren von 1789 bis 1815 die Geschichte der europäischen Kulturländer in weitem Ausmaß um dieses große Ereignis herum. . . .

Als ein Abschnitt in dem allgemeinen Aufstieg des Bürgertums bleibt die Französische Revolution dennoch unter all den anderen Abschnitten der aufsehenerregendste, nicht nur wegen ihrer tragischen Höhepunkte, sondern auch weil sie für die kommenden Generationen den Keim eines neuen Konfliktes in sich schloß, wie es die Ereignisse des Jahres 1793 vorauszusehen gestatteten. Dadurch, daß das französische Bürgertum dem Adel die Rechtsgleichheit entgegensetzte und gleichzeitig durch die Freiheit der Wirtschaft dem Kapitalismus den Weg zu seiner Entwicklung freigab, hat es selbst eine Ideenbewegung und eine gesellschaftliche Umwälzung vorbereitet, deren Widerspruch schließlich eine neue Epoche in dem dialektischen Gang der Geschichte bezeichnete. Neben der bürgerlichen Auslegung der Rechtsgleichheit hat die Revolution zwei andere entstehen sehen – die soziale Demokratie und den Kommunismus; in der Epoche des 18. Brumaire[73] glaubte man, sie seien für immer verschwunden, aber im Lauf des 19. Jahrhunderts sind sie wieder aufgetaucht und haben unaufhörlich als Beweisgründe für die gedient, die sie verachten, wie auch für die, die sie bewundern: für die einen wie für die anderen ist die Revolution von 1789 die Revolution der Gleichheit, und wenn sie auch im Lauf der Zeit allmählich in den Hintergrund der Vergangenheit treten wird, so wird doch unter diesem Zeichen ihr Name auf den Lippen der Menschen kaum verstummen."

Die Französische Revolution. 1930. S. 1 f., 638

Charles Seignobos[74], Umwandlung der europäischen Gesellschaft durch die Französische Revolution:

27 „Die durch die Revolution eröffnete Krise verwandelte die Gesellschaft Europas, und zwar in den verschiedenen Ländern mehr oder weniger tiefgehend. In Frankreich, wo die Revolution alle Vorrechte beseitigt hatte, waren die beiden

[73] Nämlich der 18. Brumaire des Jahres VIII nach dem von der Französischen Revolution eingeführten Kalender, der 9. November 1799, der Tag, an dem der General Napoleon seinen Staatsstreich gegen das Direktorium und die Republik begann

[74] 1854–1942, französischer Historiker, 1890–1925 Professor an der Pariser Sorbonne

oberen Klassen ihr Opfer. Die Adligen wurden nicht nur ihres Vorranges beraubt; viele von ihnen wurden hingerichtet oder starben in der Emigration; die anderen wurden durch die Beschlagnahme der Güter der Emigrierten zugrunde gerichtet. Die Geistlichkeit verlor ihre materielle Macht, alle ihre Besitztümer und ihre Einnahmen, alle ihre Klöster und einen großen Teil der Geistlichen, die Widerstand geleistet hatten und die darum abgesetzt, verfolgt und jeglichen Gehalts beraubt worden waren. Durch das Konkordat[75] wurde nur ein Teil der Bischöfe und Geistlichen wiedereingesetzt, und sie erhielten auch nur ein sehr bescheidenes Gehalt.

Die Revolution nützte vor allem den Bürgern; sie besetzten fast alle öffentlichen Ämter, sie vermehrten ihren Reichtum durch den Ankauf der der Geistlichkeit und den Adligen weggenommenen nationalen Güter oder auch durch ihre Gewinne bei die Belieferung der Armeen. – Die Revolution verbesserte auch die Lage der Bauern; sie wurden von dem Zehnten, den Lehnspflichten und sogar den ihren Herren zu leistenden Zahlungen befreit. Sie kauften einen kleinen Teil der nationalen Güter und profitierten von der Zeit der Assignaten[76], um mit Papiergeld ihre Schulden und Höfe zu bezahlen und ihre Waren gegen Münzgeld zu verkaufen. – Die Handwerker, die von den gesetzlichen Regeln ihres Gewerbes befreit wurden, konnten jetzt ohne einschränkende Gesetze fabrizieren und nach Belieben verkaufen, und die Gesellen und Arbeiter der Hausindustrie konnten sich jetzt auf eigene Kosten selbständig machen, wenn sie dazu die Mittel hatten. Aber die Lohnarbeiter gewannen durch diese Freiheit der Arbeit nichts, weil sie nur dem einzelnen zugestanden wurde. Ein Gesetz aus dem Jahr 1791 hatte es untersagt, sich zusammenzuschließen oder eine Gewerkschaft zu begründen oder zu streiken, da jeglicher Zusammenschluß unter den Arbeitern als eine Rückkehr zum Zunftwesen betrachtet wurde.

Das kaiserliche Herrschaftssystem ließ den Bürgern und den Bauern die Vorteile, die sie durch die Revolution gewonnen hatten."

Umriß einer vergleichenden Geschichte der Völker Europas. 1838. S. 295

Octave Aubry[77], Bonaparte ist die Revolution:

28 „Rivarol[78] sagte im Jahre 1790: ‚Revolutionen enden immer mit dem Säbel: Sulla, Cäsar, Cromwell ...' Das trifft nicht für die Französische Revolution zu. Der Säbel vom Brumaire[79] beendet sie nicht. Was einen Abschluß findet, ist: die ordnungslose Periode, das Chaos, in dem die Revolution nach ihrem übermenschlichen Aufschwung zu ersticken drohte. Nicht die Republik nimmt ein Ende, sondern das Direktorium und die vieldeutig schillernde Herrschaft der Thermidorianer[80]. Aus dem Staatsstreich wird eine einheitliche, straffe Regierung hervorgehen, kraftvoller, geschickter als die von ihm gestürzte, und dennoch von den Prinzipien durchdrungen,

[75] 1801 von dem 1. Konsul Napoleon mit dem Papst abgeschlossen

[76] Eine Art Papiergeld der Französischen Revolution, ursprünglich staatliche Schuldverschriebungen mit Deckung durch die enteigneten geistlichen Güter

[77] 1881–1946, französischer Historiker – [78] 1753–1801, französischer Moralist

[79] Am 18. und 19. Brumaire des Jahres VIII, d. h. am 9. und 10. November 1799, stürzte der General Bonaparte das Direktorium. Vgl. Anm. 73

[80] Die Männer, die im Monat Thermidor 1794 Robespierre stürzten und die Herrschaft in ihre Hände nahmen

die seit 1789 das Leben der Nation umgeprägt haben. Bonaparte ist die Revolution selbst; er ist ihr Kind und wird im Grunde seines Herzens den Ideen, den Gesinnungen seiner Jugend und seines ersten Mannesalters stets verbunden bleiben. Aber er hat auch das Bewußtsein dessen, was Frankreich nottut, und weiß zugleich, daß zur Sicherung, zur Festigung (wie er selbst sagt) des Werkes der Revolution ihre Aussöhnung, ihre innige und dauernde Vermählung mit der Revolution erforderlich ist. Diese nur locker gefügte, in sich uneinige Nation wird er zusammenschmieden, sie nach den Grundsätzen und mit dem Personal der Revolution in feste Formen zwingen. Indem er sich, was von den großartigen Trümmern des alten Frankreich noch zu retten ist, nutzbar macht, errichtet er ein neues Frankreich und stattet es mit einer neuen Ordnung aus, die er in seinem stürmischen Siegeslauf auf ganz Europa auszudehnen trachtet. Diese Entwicklung war verhängnisvoll. Aber man täusche sich nicht darüber: der Genius der Revolution hat den Genius Napoleons zu allen Zeiten inspiriert und beschwingt.

Jawohl, Bonaparte ist die Revolution. Sogar wenn er ihr untreu wird, belebt ihn ihre Substanz, ist er von ihrem Geist erfüllt. ‚Die Revolution in Reiterstiefeln' hat man ihn genannt. Man müßte vielmehr sagen: ‚die erobernde Revolution', aber erobernd im weitesten Sinne, denn seine Eroberung ist nicht nur eine kriegerische (wie allzuoft behauptet wurde), sondern vor allem eine staatsbürgerliche Tat, und das schönste Andenken, das Napoleon der Nachwelt hinterläßt, ist weniger mit seinen Siegen als mit seinen Gesetzen verknüpft."

Die Französische Revolution. 1943. II S. 590 f.

George Bernanos[81], Die französische Tradition der Freiheit:

29 „Es gibt eine französische Tradition der Freiheit. Im Jahre 1789 haben alle Franzosen an dieser Tradition teilgehabt, zum mindesten einen Augenblick lang, jeder nach dem Maß seiner Kenntnisse oder der Kraft seines Vaterlandes, aber mit schlichter, einmütiger Überzeugung. Einen Augenblick lang, ein paar strahlende Sommertage lang gab es die eine und unteilbare Freiheit. Unsere Revolution wiederaufgreifen, heißt zur Wurzel zurückkehren, zum Beginn, zum entflammten Herzen unserer nationalen Einheit. Vor unseren bürgerlichen Zwistigkeiten, in der Stunde, da sich Frankreich, wenn auch nicht am klarsten, so doch am leidenschaftlichsten seiner selbst bewußt ward, im vollen Aufruhr des traditionellen französischen Humanismus, wie war da die Vorstellung, die sich Frankreich von seiner Freiheit machte? Ist es also eine Idee der Freiheit, die alle Franzosen versöhnt? Ist sie in der Lage, alle Menschen zu versöhnen?

Das sind ziemlich einfache Fragen. Wir behaupten keineswegs, dieses Wort Freiheit für unseren Gebrauch mit Beschlag zu belegen, aber wir haben immerhin ein gewisses Anrecht darauf. Mehr als irgendein anderes Volk hat unser Volk es verkörpert, ihm Fleisch und Blut gegeben. Wenn man im Laufe des ganzen 19. Jahrhunderts einen

[81] 1888–1948, französischer Schriftsteller, der den Kampf des Menschen gegen das Böse zum Mittelpunkt seines Werkes gemacht hat

gebildeten Menschen in Europa oder Amerika befragt hätte, welche geschichtlichen Erinnerungen das Wort Freiheit in seinem Geiste wachriefen, hätte er zweifelsohne mit dem Wort Bastille geantwortet, mit Valmy[82] oder mit einer Strophe der Marseillaise[83]. Bei den unzähligen Lesern unserer Revolutionsgeschichte, bei all denen, die sich in ihrer Jugend an diesem wundervollen Abenteuer, das alsbald – man weiß nicht wie noch warum – zur Legende geworden ist, und an diesem großen volkstümlichen Bilderbogen mit seinen fröhlichen und heftigen Farben berauschten, wird auch heute noch mit Leichtigkeit durch das Wort Volk – das Gericht des Volkes, der Wille des Volkes – das Volk der Barrikaden heraufbeschworen. Aber das Volk der Barrikaden ist nicht das Volk schlechthin, es ist das französische Volk – oder besser: es ist die Geschichte Frankreichs im Aufstand. Wir wollen jedoch niemanden demütigen, wenn wir daran erinnern. Wir wollen nur, daß dieses reine Bild zum Wohle aller unbefleckt erhalten bleibt, wie wir ebenso zum Wohle aller wollen, daß unserer nationalen Überlieferung von der Freiheit nicht die Gefahr der Entstellung droht, zum Nutzen irgendwelcher totalitärer Demagogen ...

Gehorsam und Unverantwortlichkeit sind die beiden Zauberworte, die morgen das Paradies der Maschinenkultur auftun sollen. Die französische Kultur als Erbe der hellenischen hat Jahrhunderte lang daran gearbeitet, freie Menschen zu bilden, das heißt Menschen, die sich voll verantwortlich für ihre Taten fühlen: Frankreich weigert sich, in das Paradies der Roboter einzugehen."

Frankreich gegen die Roboter. 1947

Pierre Gaxotte[84], Das eigentliche Drama des 18. Jahrhunderts:

30 „Elend kann wohl zum Aufruhr führen, aber keine Revolutionen verursachen, die ihrerseits tiefere Ursachen haben; und 1789 waren die Franzosen nicht unglücklich, ganz im Gegenteil. Glaubwürdige Unterlagen beweisen uns, daß der Reichtum seit einem halben Jahrhundert beträchtlich zugenommen und daß sich die materielle Lage aller Gesellschaftsschichten, mit Ausnahme der Landadligen, wesentlich gebessert hatte ...

Das vorrevolutionäre Frankreich war keineswegs unglücklich; es hatte wohl Anlaß zur Klage, aber nicht zum Aufruhr. Keines der beiden großen Probleme, welche die Aufmerksamkeit fesselten, weder die Abschaffung der Überreste der Feudalherrschaft noch die Finanzreform, wäre unlösbar gewesen, wenn nicht die französische Seele bis in ihre Tiefen gerade eine intellektuelle und moralische Krise durchgemacht hätte, wodurch die geringsten Konflikte kompliziert und eine vorerst nur schwierige Lage beunruhigend und dann verzweifelt wurde ...

Das eigentliche Drama des 18. Jahrhunderts besteht nicht in seinen Kriegen und nicht in den Revolutionstagen, sondern in der Auflösung und Umkehrung der Ideen, von denen das 17. Jahrhundert erleuchtet und beherrscht worden war. Aufruhr und Gemetzel sind nur augenfällige und blutige Manifestionen; wenn Derartiges sich erst einmal abspielt, ist das wirkliche Übel schon sehr lange da."

Die Französische Revolution. 1949. S. 23, 40

[82] Vgl. Nr. 4 – [83] Vgl. FR, Nr. 29 – [84] Geb. 1895, französischer Historiker

André Siegfried[85], Die Bedeutung des 14. Juli:

31 „Ich habe mir oft gedacht, daß ich, wenn ich im Jahre 1789 gelebt und durch Presse oder Gerücht die Erstürmung der Bastille erfahren hätte, in diesem Ereignis eher einen bedauerlichen Beweis für die gefährdete Ordnung und eine Verhöhnung der Staatsgewalt gesehen hätte. Das war damals auch sicher der Eindruck vieler Menschen, aber die öffentliche Meinung der Zeit urteilte anders, und auf der ganzen Welt wurde die Erstürmung der Bastille als Sieg des Freiheitsgedankens begrüßt. Der deutsche Philosoph Kant[86] unterbrach sogar seinen täglichen Spaziergang, den er regelmäßig zu festgesetzter Stunde unternahm, und änderte seinen gewohnten Weg, um sich nach den Tagesneuigkeiten aus Frankreich zu erkundigen.
Mit den Jahren klang alles ab, was an diesem Ereignis anstößig und grob erschien, während seine symbolische Bedeutung als Protest des Volkes immer weiter zunahm. Es wurde üblich, ihn als Forderung von Recht und Freiheit gegen die Übergriffe der willkürlichen und autoritären Staatsgewalt zu betrachten. Aus diesem Gedanken heraus erklärte die 3. Republik[87] den 14. Juli zum Nationalfeiertag des Regimes. Diese Feiern fanden auch beim Volk sofort den größten Anklang.
Die Einführung des Nationalfeiertages am 14. Juli fiel mit der Gründung der Republik zusammen. Die Republikaner gewöhnten sich daran, diesen Tag zu Kundgebungen für die Regierung zu benutzen, und diese fanden im Volk ein spontanes Echo, in dem sich alle Teile der Nation in seltener Übereinstimmung zusammenschlossen.
In den folgenden Jahren verlor diese Republik, die nach dem Ausspruch eines Humoristen ‚unter dem Kaiserreich so schön war', etwas von ihrem Glanz. Man gewöhnte sich an die Republik. Aus einem Ideal wurde eine Regierung mit all ihrer Alltäglichkeit, die sie gegebenenfalls unpopulär macht. Der 14. Juli aber blieb ein Volksfest; man schwang mit Überzeugung das Tanzbein und sah darauf, daß die Tradition des Feuerwerks und der Truppenparade beibehalten wurde. Die politische Begeisterung konnte sich freilich nicht auf der gleichen Höhe halten, aber man fuhr fort, den berühmten Tag zu feiern, und selbst heute, da die 3. Republik der 4. Platz gemacht[88] hat, ist er immer noch ein arbeitsfreier Tag und ein Volksfest.
Aber müßte nicht gerade jetzt, so möchte ich fragen, da auch die Republik nicht mehr imstande ist, die Massen aufzurütteln, die tiefe Bedeutung der Erstürmung der Bastille stärker als jemals den Eifer der Freiheitsfreude, der aufrichtigen Anhänger der Demokratie in ihren traditionellen Sinne und damit im eigentlichen Sinne der Französischen Revolution, anspornen?
Als die Volksempörung sich der Festung des ‚Ancien Régime' bemächtigte, geschah es als Protest gegen die Willkür der Staatsgewalt. Die modernen Freiheiten wurden gegen den Staat erkämpft, der willkürlich, absolut und reaktionär war. Um einen Ausdruck unseres Wortschatzes anzuwenden: der Einzelmensch stand links gegen einen Staat der Rechten. Nun weiß man zur Genüge, daß die Entwicklung des

[85] 1875–1959, führender französischer Soziologe und Völkerpsychologe
[86] Vgl. Nr. 8 – [87] Proklamiert durch Gambetta am 4. September 1870
[88] Nach dem 2. Weltkrieg wurde die im Juni 1940 mit der militärischen Niederlage Frankreichs zusammengebrochene 3. Republik 1946 durch die 4. Republik ersetzt.

19. Jahrhunderts die Erhebung des Einzelmenschen gegen den Staat, der Freiheit gegen die Tyrannei brachte. Diese Ideologie hat die moderne Welt geschaffen und sie aus der Macht der Vergangenheit befreit, die zwar ihre eigene Größe besaß, aber den berechtigten Ansprüchen des Volkes nicht mehr genügte. Unsere Gesetze spiegeln diese Forderung und ihren Sieg.

Heute muß jedoch die Verteidigung des Einzelmenschen sowie der Freiheit im Sinne der Erklärung der Menschen- und Bürgerrechte mit erneuter Kraft und Überzeugung aufgenommen werden, da Einzelmensch und Freiheit aufs neue gefährdet sind. Durch wen? Durch den Staat selbst, genau wie in der Vergangenheit. Es handelt sich zwar nicht mehr um einen reaktionären Staat, der die Vorrechte einer aristokratischen Minderheit schützt, sondern um einen Staat von demokratischem Gepräge, der die Massen vertritt und dem Einzelmenschen im Namen der höheren Volksinteressen Gewalt antut. Dieser Staat wird als Linksstaat bezeichnet, da er von der sozialen Flut getragen wird, und daher stammt im wesentlichen die Gefahr seines Handelns, da man als Reaktionär erscheint, wenn man sich dagegen auflehnt. Das ist eine Anspielung auf den autoritären Staat, ob es sich nun um den faschistischen oder den sowjetischen Staat handelt.

Aber ich könnte, ohne eine wirkliche Ungenauigkeit zu begehen, auch den demokratischen Staat unserer westlichen Demokratien heranziehen, da auch er in alle Gebiete eingreift und den einzelnen Menschen gefährdet. Seine Ideologie stützt sich auf die Technik, in deren Namen er sich dazu ermächtigt glaubt, die aus dem glorreichen 18. Jahrhundert hervorgegangenen notwendigen Freiheiten nur allzuoft zu verletzen. Unsere Bewegungsfreiheit wird viel zu oft durch immer schärfere gesetzliche Regelungen eingeschränkt. In gewissen Fällen wird unsere Redefreiheit und sogar die Freiheit unseres Denkens gefährdet.

Hier gibt es vielleicht noch andere Bastillen, die einzunehmen wären, immer noch im Namen des Volkes, das, seinem individuellen Charakter entsprechend, in der geistigen Würde seiner Mitglieder geachtet werden muß."

Zeitschrift „Antarès", Juli 1953, S. 21 f.

Auseinandersetzung der Deutschen mit der Französischen Revolution

Arnold Bergsträsser[89], Ancien Regime und Revolution – Imperium und Libertas:

32 „Staat und Gesellschaft des modernen Frankreich sind entstanden aus dem Kampf der Revolution mit dem Ancien Regime. Ihre Gestalt erhielt die entscheidende Prägung durch den Gegensatz und das Gemeinsame dieser schicksalhaften Mächte der französischen Geschichte. Sie formten die Vergangenheit und beherrschen die Gegenwart. Der Absolutismus faßte den Staat zu einer starken Einheit zusammen und gewann zugleich die höchste Machtstellung in Europa. Die Herrschaftsform, die er ausbildete, wurde für Jahrhunderte zum Vorbild der Staaten des Abendlandes. Diesen Staat des Ancien Regime hat die Revolution für den bürgerlichen Menschen und die bürgerliche Gesellschaft erobert. Damit hat sie weit über die Grenzen Frankreichs hinaus eine Umwandlung des politischen Denkens und der staatlichen Ordnungen eingeleitet. Sie hat die Ideen zu verwirklichen gesucht, in deren Namen sich das 18. Jahrhundert gegen die geistigen Grundlagen des Absolutismus, gegen den Feudalismus der sozialen Ordnung und die Herrschaft des staatlich geschützten und national gebundenen kirchlichen Glaubens erhoben hatte. Sie ist bis heute als historisches Gesamtbild und in den Charakteren, die sie geformt hat, Symbol für den Gedanken der Souveränität des Volkes geblieben. Aus ihrem Geist wird dem Franzosen die Gewißheit, daß sein Volk zu einer Menschheitsmission berufen ist. Die entzündende Wirkung dieses Geistes reicht bis in die Gegenwart. In ihm hat die Idee der kommunistischen Weltrevolution ihren entfernten Ursprung. Gelöst von den Umständen einer Vergangenheit gewordenen Epoche, ist der Gegensatz von Ancien Regime und Revolution heute in der Antithese von Herrschaftsordnung und Freiheitsrechten, vom Imperium und Libertas lebendig und hat grundsätzliche Bedeutung nicht nur für Frankreich, sondern für Europa. Für staatliches Denken und politisches Handeln der modernen Gesellschaft sind die Lösungen, die die französische Nation auf ihrem Wege gefunden hat, Vorbild oder Warnung geworden."

Staat und Wirtschaft Frankreichs. 1930. S. 1

Karl Jaspers[90], Kants Voraussage bestätigte sich bis heute:

33 „Die Französische Revolution war ein Ereignis, das keinen Vorgänger in der menschlichen Geschichte hatte. Als Beginn der Zeit, in der der Mensch aus Vernunftprinzipien sein Schicksal selbst in die Hand nehmen wird, löste sie im Bewußtsein der hervorragendsten europäischen Menschen einen Jubel der Begeisterung aus ... Erst die Französische Revolution geschah in dem Bewußtsein, durch die Vernunft das menschliche Dasein aus der Wurzel umzuschaffen, nachdem seine als schlecht erkannte, historisch überkommene Gestalt zerstört wäre. Sie hatte Vorgänger nur in den amerikanischen Gründungen jener Protestanten, die aus der Unbedingtheit ihres

[89] 1896–1964, deutscher Kulturhistoriker und Soziologe, 1954–1964 Professor für wissenschaftliche Politik in Freiburg

[90] Geb. 1883, zeitgenössischer deutscher Philosoph, Vertreter eines christlichen Existentialismus

Glaubens das Vaterland verlassen hatten, um auf neuem Boden zu verwirklichen, was in der Heimat scheiterte; diese hatten in beginnender Säkularisierung den Gedanken der allgemeinen Menschenrechte erfaßt[91].
Die Französische Revolution nahm den unerwarteten Verlauf, daß sie sich in das Gegenteil ihres Ursprungs verkehrte. Der Wille zur Herstellung menschlicher Freiheit wurde zum Terror, der alle Freiheit zerstörte. Die Reaktion gegen sie wuchs. Die Möglichkeit ihrer Wiederkehr zu verhindern, wurde Prinzip der europäischen Staaten. Aber seitdem sie geschehen war, blieb den Menschen eine Unruhe um das Ganze ihres Daseins, für das sie selbst die Verantwortung tragen, da es nach Plan zu verändern und auf das Beste einzurichten sein könnte. Kants Voraussage[92] (1798) bestätigte sich bis heute: ‚Ein solches Phönomen in der Menschengeschichte vergißt sich nicht mehr, weil es eine Anlage und ein Vermögen in der menschlichen Natur zum Besseren aufgedeckt hat, dergleichen kein Politiker aus dem bisherigen Verlauf der Dinge ausgeklügelt hätte.'
Seit der Französischen Revolution lebt in der Tat ein spezifisch neues Bewußtsein der epochalen Bedeutung der Zeit. Es hat sich im 19. Jahrhundert gespalten: dem Glauben an den Anbruch einer großartigen Zukunft steht das Grauen vor dem Abgrund, aus dem keine Rettung mehr ist, entgegen; oder es beschwichtigte sich im Gedanken der Zeit als eines Übergangs, der seitdem bei jeder Schwierigkeit matten Geistern als beruhigend und genügend scheint."

Die geistige Situation der Zeit. 1932. S. 9 f.

Oswald Spengler[93], Jakobinerideale:

34 „Frankreich geriet in eine Revolution, nicht weil ‚das Volk' sich gegen den Absolutismus auflehnte, der hier gar nicht mehr vorhanden war, nicht wegen des Elends und der Verschuldung des Landes, die anderswo viel größer waren, sondern weil die Autorität in Auflösung war. Alle Revolutionen gehen vom Verfall der Staatshoheit aus. Ein Aufstand der Gasse kann diese Wirkung gar nicht haben. Er folgt nur daraus. Eine moderne Republik ist nichts als die Ruine einer Monarchie, die sich selbst aufgegeben hat . . .
Wären Mirabeaus[94] Pläne 1789 gelungen, so wäre eine leidlich beständige konstitutionelle Monarchie entstanden, die sich im wesentlichen mit der Aufgabe begnügt hätte, den Rentnergeschmack der Bourgeoisie und der Bauern zu befriedigen. Unter dem Direktorium[95] lag die Wahrscheinlichkeit vor, daß das Land, resigniert und aller Ideale satt, sich mit jeder Art von Regierung zufrieden gegeben hätte, welche die Ruhe nach innen und nach außen gewährleistete. Da kam Napoleon, ein Italiener, der Paris zur Basis seiner Machtziele gewählt hatte, und schuf in seinen Heeren den

[91] Die erste Formulierung der Menschenrechte findet sich in der Verfassung des amerikanischen Staates Virginia 1776
[92] Vgl. Nr. 8
[93] 1880–1936, Geschichtsphilosoph, der mit seinem zweibändigen Werk „Der Untergang des Abendlandes" 1918 und 1922 ein völlig neues Bild der Weltgeschichte entworfen hat
[94] Vgl. Anm. 47 – [95] 1795–99

Typus des letzten Franzosen, der noch ein volles Jahrhundert lang Frankreich als Großmacht aufrechterhalten hat: tapfer, elegant, prahlerisch, roh, voller Freude am Töten, Plündern, Zerstören, mit dem Elan ohne Ziel, nur um seiner selbst willen, so daß alle Siege trotz unerhörten Blutvergießens Frankreich nicht den geringsten bleibenden Vorteil gebracht haben. Nur der Ruhm gewann dabei, nicht einmal die Ehre. Im Grunde war es ein Jakobinerideal, das gegenüber dem girondistischen der kleinen Rentner und Spießburger nie die Mehrheit hinter sich hatte, aber stets die Macht. Mit ihm ziehen statt der vornehmen Formen des *ancien régime* ausgesprochen plebejische in die Politik ein: die Nation als ungegliederte Masse, der Krieg als Aufgebot von Massen, die Schlacht als Verschwendung von Menschenleben, die brutalen Friedensschlüsse, die Diplomatie der Advokatenkniffe ohne Manieren . . .

Der folgenreichste Ausdruck der ‚nationalen' Revolution seit 1789 sind die stehenden Heere des 19. Jahrhunderts gewesen. Die Berufsheere der dynastischen Staaten wurden durch Massenheere auf Grundlage der allgemeinen Wehrpflicht ersetzt. Es war im tiefsten Grunde ein Jakobinerideal: die *levée en masse* von 1792 entsprach der Nation als Masse, die an Stelle der alten, gewachsenen, ständisch gegliederten Nation in vollkommener Gleichheit organisiert werden sollte[96]. Daß dann in den Sturmangriffen dieser uniformierten Massen etwas ganz anderes zum Vorschein kam, eine prachtvolle, barbarische, gänzlich untheoretische Freude an Gefahr, Herrschaft und Sieg, der Rest von gesunder Rasse, das, was noch von nordischem Heldentum in diesen Völkern lebte, war eine Erfahrung, welche die Schwärmer für ‚Menschenrechte' sehr bald machten. Das Blut war wieder einmal stärker als der Geist. Die theoretische Begeisterung für das Ideal des ‚Volkes in Waffen' hatte ein ganz anderes, bewußteres, rationalistischeres Ziel gehabt als die Entfesselung dieser elementaren Triebe, auch in Deutschland und vor allem nach den Befreiungskriegen, wo sie zu den Revolutionen von 1830 und 1848 hinüberleitete. Diese Heere, ‚in denen es keinen Unterschied von hoch und niedrig, reich und arm gab', sollten ein Abbild der künftigen Nation sein, in welcher alle Unterschiede des Ranges, Besitzes und der Begabung irgendwie aufgehoben waren. Das war der stille Gedanke vieler Freiwilliger von 1813, aber ebenso des literarischen Jungen Deutschland (Heine, Herwegh, Freiligrath) und vieler Männer der Paulskirche[97] (wie Uhland). Das Prinzip der anorganischen Gleichheit war ihnen das Entscheidende. Die Leute vom Schlag der Jahn[98] und Arndt[99] ahnten nicht, daß es die Gleichheit war, die zum ersten Mal bei den Septembermorden von 1792[100] den Ruf ‚Vive la nation' ertönen ließ."

Jahre der Entscheidung. 1933. S. 18, 25, 32

[96] Vgl. FR, Nr. 43

[97] Die deutsche Nationalversammlung, die 1848/49 dem deutschen Volk eine Verfassung geben sollte, tagte in Frankfurt am Main in der Paulskirche

[98] 1778–1852, der sogenannte „Turnvater", der zur Zeit der preußischen Reformen die Turnkunst als Mittel der physischen und moralischen Gesundung begründete

[99] Vgl. Nr. 10

[100] Vgl. FR, Nr. 26

Wilhelm Röpke[101], Die Französische Revolution eine zwiespältige Erscheinung:

35 „Dieses gewaltige und glorreiche 18. Jahrhundert, dessen Musik auf Jahrtausende zu bleiben verspricht, was der Parthenon uns für die Architektur bedeutet, das Lessing, Goethe, Schiller, Herder, Montesquieu, Vico[102], Kant hervorgebracht und im politischen Bereich ein so reifes und dauerhaftes Werk wie die amerikanische Verfassung geboren hat, endete 1789 mit einer Tragödie, die den Beginn einer bis heute fortdauernden Weltkrise bedeutet, und es ist dieses Datum, das das 18. Jahrhundert im Gedächtnis vieler Menschen in einer Weise befleckt hat, die sie gegen seine wahre Größe und seine noch immer nicht eingelösten Versprechungen blind macht.

Was haben wir von der Französischen Revolution mit ihren unermeßlichen Wirkungen zu halten? Gerade in diesem Punkte ist lange genug das allgemeine Urteil höchst konfus und in einer Weise zwiespältig gewesen, die unser ganzes staatsbürgerliches Denken verwirrt hat, und es scheint, als sähen wir erst heute einigermaßen klar. Ein Jahrhundert lang war es dabei geblieben, daß sich zwei Meinungen schroff gegenüberstanden, unter denen die eine das Ereignis als Befreiung pries, die andere als Auflösung verdammte. Bis in unsere Tage hat es gedauert, ehe dieser Zwiespalt durch die höhere Einsicht geschlichtet wurde, daß die Französische Revolution selbst eine zwiespältige Erscheinung war und jene Ambivalenz[103] aufweist, die so vielen anderen problematischen Dingen eigentümlich ist. Gerade darin liegt ihre bis in die Gegenwart fortwirkende Tragik. Sie war eben Befreiung und Auflösung in einem, und das Verhängnis lag darin, daß sie das eine nicht ohne das andere zu sein vermochte, ja daß der politische Liberalismus diesen Anlagefehler nicht einmal erkennen konnte. Sie war nicht nur ein hinreißendes Drama auf der großen Schaubühne der Welt, geeignet, romantisch veranlagte Naturen zu fesseln; sie war eine Emanzipationsbewegung, deren unvergleichlichem Schwung sich im Anfang nur die hartgesottensten Reaktionäre entziehen konnten, und als solche hat sie das Europa geschaffen, das heute sich zur letzten Verteidigung stellen muß, gerade weil die Französische Revolution zugleich ein so böses Erbe hinterlassen hat. Sie hat Frankreich selbst zu einem Lande der Bauern und Bürger gemacht und ihren Samen über alle Länder gestreut, die sich zu Europa bekennen. Die ‚Ideen von 1789' haben die Lebensluft geschaffen, in der wir alle noch atmen, eingeschlossen die erbittertsten Gegenrevolutionäre. Das alles ist wahr, und doch war es ein Verhängnis.

Zunächst muß gegenüber jeder Revolutionsromantik aufs schärfste betont werden, daß jede echte Revolution ein echtes Unglück ist, eine katastrophale Krisis der Gesellschaft, deren schließlicher Ausgang immer höchst ungewiß und deren hochgradig

[101] 1899–1966, deutscher Volkswirtschaftler, 1933 emigriert, 1937–1965 Universitätsprofessor in Genf, führender Vertreter des Neoliberalismus, d. h. der Lehre, die zwischen Kapitalismus und Kollektivismus eine Wirtschaftspolitik marktwirtschaftlicher Ordnung unter Einbeziehung liberaler Ideen vertritt

[102] 1668–1744, italienischer Philosoph und Jurist, der bereits 1725 ein geschichtsphilosophisches Werk veröffentlichte, in dem er die geschichtliche Entwicklung in modernem Sinne gesetzlich als Zyklenablauf erfassen wollte

[103] Doppelwertigkeit von Erscheinungen und Verhaltungsarten

pathologischer Charakter schon an ihren Formen zu erkennen ist. Sie ist eine möglicherweise tödliche Paralyse der Gesellschaft; sie ist Anarchie, Auflösung der Ordnung, Destruktion, Urkampf der Leidenschaften und Instinkte, und nichts ist dafür bezeichnender als der Umstand, daß sie, wenn sie nicht rechtzeitig abgefangen wird (was bekanntlich damals in Frankreich mißlang), die Crapule[104] nach oben zu bringen und die Menschen unter die vorübergehende Herrschaft von notorischen Neuropathen zu bringen pflegt. Daran ist nichts zu heroisieren und zu romantisieren, auch nicht im Falle der Französischen Revolution, die dazu besonders leicht verführen könnte. Hat also die Französische Revolution mit allen anderen das gemein, daß sie an sich bereits eine Katastrophe ist, so ist sie es um so mehr noch durch ihr Werk...
Das Verhängnis der Französischen Revolution war es nun, daß sie mit der soziologischen Blindheit des Rationalismus das Böse der Gewalt mit Ordnung, Bindung, Autorität und Hierarchie[105] verwechselte; daß sie glaubte, mit der Ausbeutungshierarchie, wie sie sich damals den Menschen als etwas Unerträgliches präsentierte, zugleich jede Hierarchie beseitigen zu müssen; daß sie vergaß, daß ohne Hierarchie, d. h. ohne vertikale und horizontale Gliederung, eine Gesellschaft überhaupt nicht existieren kann und daß ein Gesellschafts- und Wirtschaftssystem, dessen Ordnungselement allein die Freiheit ist, der Auflösung und dann dem Despotismus anheimfällt, der im Grunde nichts anderes als organisierte Anarchie ist. Zuviel Rousseau und Voltaire und zu wenig Montesquieu, könnte man sagen ... Wahr bleibt: jene rationalistische Verblendung hat tatsächlich dazu geführt, daß dieselbe Revolution, die unter anderem Frankreich zu einem Land der Bauern gemacht hat, zugleich der Ursprung jener Gesellschaftsauflösung, die wir *Vermassung* nennen, und der erste Anfang jenes Zersetzungsprozesses geworden ist, an dessen Ende Massenzivilisation, Nihilismus und Kollektivismus stehen. An uns ist nun die Frage gestellt, ob uns endlich gelingen wird, was damals verfehlt wurde: die ‚Eukosmia'[106], die ‚City of Man', die Synthese der Freiheit und Ordnung ...
Das große Experiment der Französischen Revolution mußte in der Tat ein schlimmes Ende nehmen. Im Jahre 1941 ist es wohl keine Übertreibung zu sagen, daß die Welt von 1789 zusammengebrochen ist, und da die Ideen jenes Jahres sich über den ganzen Erdball verbreitet haben, nehmen alle Länder an diesem Zusammenbruch in dem Maße teil, in dem sie dem französischen Vorbild gefolgt sind. Daraus ergibt sich jedoch eine Gefahr der Verwirrung der Geister, der man nachdrücklich entgegentreten muß. Man kann nämlich kaum genug betonen, daß die Französische Revolution nicht mehr als einen Sonderfall darstellt, ja daß es Unredlichkeit oder Unwissenheit ist, die Ideen des Demokratismus und Liberalismus mit denen von 1789 gleichzusetzen. Dabei können wir als Entschuldigung nur gelten lassen, daß die überragende Rolle, die Frankreich in der Geschichte des europäischen Geistes gespielt

[104] Französischer Ausdruck für „Lumpenpack"

[105] Wörtlich „heilige Herrschaft", ursprünglich Herrschaft des Priestertums bzw. der Kirche, dann die von Gott gewollte Stufen- und Rangordnung der Dinge, schließlich jede auf dem Grundsatz der Über- und Unterordnung aufgebaute Organisation

[106] Griech. die gute, vollkommene Ordnung bzw. Welt

hat, immer wieder dazu verführt, es auch politisch für beispielhaft zu halten und die geradezu überwältigende politisch-soziale Problematik dieses Landes zu übersehen, die vielleicht nur noch von derjenigen Deutschlands übertroffen wird. Es sollte ja nicht vergessen werden, daß der pathologische Charakter der Französischen Revolution genau demjenigen des voraufgegangenen französischen Absolutismus und Feudalismus entspricht und daß sich eben die französische Gesellschaft bereits seit Jahrhunderten in einem Zustand befand, der schließlich zu diesem Ende führen mußte, sobald das entsprechende geistige Ferment der französischen Aufklärung hinzutrat.
Es ist ein Unglück, daß ein Land politisch zum Vorbild werden konnte, das in seiner Geschichte niemals mit dem Problem des Aufbaus einer einigermaßen gesunden Gesellschaft fertig geworden ist und bis zum heutigen Tage daran laboriert. Damit hat es Demokratismus und Liberalismus in einer Weise kompromittiert, die entschieden nach einer Berichtigung verlangt. Diese Berichtigung geschieht durch den einfachen Hinweis auf die *Beispiele gesunder Demokratie,* für die wir, juristisch gesprochen, das *Recht der Aussonderung aus der Konkursmasse von 1789* geltend machen: obenan die *Schweiz,* dann die *nordischen* und *angelsächsischen Demokratien,* die alle ihre gesunde Lebenskraft bewahren, weil sie einen ganz anderen, älteren und organischeren Stamm des Demokratismus und Liberalismus darstellen, anderseits gerade insoweit angekränkelt erscheinen, als sie sich in ihrer Tradition durch die Irrtümer von 1789 haben beirren lassen. Alle diese Demokratien durchkreuzen durch ihre bloße Existenz jeden Versuch, Demokratismus und Liberalismus als Erfindungen von 1789 auszugeben und ihren wahren Stammbaum zu verdunkeln.“ *Die Gesellschaftskrise der Gegenwart. 1941*

Hans Freyer[107], Der neue Nationalismus klassisch verwirklicht:

36 „In der Französischen Revolution wird das Erbe des ruhmreichen Staates, den die Könige aufgebaut haben und der die Einheit des französischen Volkes verkörpert, vom Dritten Stand, der sich als die Nation konstituiert, angetreten. Erst damit, so ist der Anspruch, wird die Nation zum verantwortlichen Subjekt ihrer Geschichte, und es kann nun dem Begriffe nach keinen anderen Souverän geben als sie selbst. Hier ist der Punkt, wo der neue Nationalismus, der für die ganze Welt vorbildlich wurde, klassisch verwirklicht, übrigens auch klassisch ausgesagt worden ist. Der 4. August 1789 wird immer bleiben, was er von Anfang an war: der *dies triumphalis* des Eintritts einer ganzen Nation in den Zustand der rechtlichen Freiheit und der politischen Souveränität[108]. Aber diese Revolution des Dritten Standes hatte von der zweiten Stunde an die Masse der Entwurzelten und Verkommenen zu Hilfe gerufen. Robespierre[109] hat bereits in der Debatte über das erste Aufruhrgesetz den Begriff ‚le peuple‘ mit Emphase gegen den Begriff ‚la nation‘ gesetzt. Ehe das französische Bürgertum seine eigne Form gefunden, seine Souveränität konstituiert hat, drängt schon diese neue Welle nach. Sie ist um so unwiderstehlicher, weil der Geist des Unglaubens, des Aufruhrs und der Zerstörung auch das Bürgertum selber ange-

[107] Geb. 1887, deutscher Philosoph und Soziologe. – [108] Vgl. FR, Nr. 14
[109] Vgl. FR, Nr. 19 und weiterhin

fressen hat. Vom Tage der Einholung des Königs aus Versailles an sind die sogenannten großen Tage der Französischen Revolution nicht mehr Tage des kämpfenden Bürgertums, auch nicht des Proletariats (das es noch nicht gab), sondern des großstädtischen Pöbels ...

Der eigentliche Sieger aber ist das Jakobinertum. Es gibt der Nation ihr Selbstbewußtsein, ihren Zukunftswillen, ihre Zähigkeit auch in verzweifelten Situationen. Es macht sie nicht krisenfest, jagt sie eher in Krisen hinein und setzt sie darin aufs Spiel, aber es macht sie darin auch klug, hartnäckig und tapfer. Es ist überhaupt nicht eine verläßliche Struktur des Willens, wohl aber ein inneres Feuer, ein *élan.* Sein Stichwort heißt Ruhm, und die besten Gaben des französischen Geistes speisen seine Flamme. Frankreichs europäische Rolle im 19. Jahrhundert wäre unverständlich, wenn nicht dieser geheime, gleichsam in den Nerven vor sich gehende Sieg des jakobinischen Elans über die französische Bürgerlichkeit in Rechnung gesetzt würde. Was Masse, was Kapitalismus, was soziale Bewegung, was Imperialismus, was Kolonisation ist, hat dem übrigen Europa mit der Substanz seines Volkstums dasjenige Land schicksalhaft vorgelebt, das in allen diesen Dingen äußerlich nicht gesiegt hat. In Sachen des Nationalismus aber *hat* Frankreich gesiegt: es ist sozusagen der klassische Fall der ‚nation' geworden, und das Gedankengut des neuen Nationalismus ist wie ein triebkräftiger Keim von ihm aus in alle Welt verbreitet worden. Daß das Jakobinertum in diesem Sinne des Wortes gesiegt hat, wo es doch in der Korruption der Direktorialherrschaft gleichfalls verzehrt zu werden schien, ist das Werk des Nicht-Franzosen, des Ausländers, des Titanen: Napoleon Bonapartes ...

Über allen Zweifel gewiß ist es, daß die Ideen von 1789 die Lebensluft des 19. Jahrhunderts sind. Was sich in diesem Jahrhundert entscheidet, was verbindlich wird, tut es in ihrem Lichte oder mindestens in ihrem Namen, in der Nachfolge zu ihnen oder in der Auseinandersetzung mit ihnen. Aber Ideen, die in der Luft liegen und sich universell geltend machen, sind noch keine konkrete Geschichte. Die Historie hat es mit wirklichen Mächten zu tun. Erst wo sie sich als geschichtliche Wesen formieren und als Entscheidung in die Existenz aufgenommen werden, werden die Ideen mehr als Atmosphäre, nämlich wirkende Kraft.

Dieser Korse hat nicht nur die Französische Revolution – er hat die Welt der Vernunft zugleich vernichtet, vollendet und beerbt, indem er ihre Selbstvernichtung ins Positive, nämlich in Willen und Zukunft umsetzte. Er ist nicht, wie Taine[110] ihn nennt, der verspätete Kondottiere[111], sondern er ist der Beginner des 19. Jahrhunderts. Alles was das 19. Jahrhundert charakterisiert, ist in seiner Person dämonisch vorweggenommen." *Weltgeschichte Europas. 1948. II S. 889 f., 893 f., 896*

110 1828–1893, französischer Historiker und Geschichtsphilosoph, der feste Gesetze der geschichtlichen Entwicklung festlegen wollte

111 Von ital. condotta, Sold, ursprünglich Söldnerführer im Italien des 14. und 15. Jahrhunderts, später Fürst, dessen Macht auf seinen Söldnerscharen beruhte

Gustav Radbruch[112], Die Frankfurter Grundrechte:

37 „Auf die Frage, warum die Paulskirche[113] die Verhandlungen über die Grundrechte der Erörterung der konstitutionellen Organisationsfragen vorweggenommen habe, sind verschiedene Antworten gegeben worden. Am ehesten einleuchten dürfte es, daß die Paulskirche in der Tradition anderer revolutionärer und verfassungsgebender Versammlungen gehandelt habe, insbesondere der französischen Nationalversammlung von 1789, deren erstes großes Werk ja die ‚Erklärung der Rechte des Menschen und des Bürgers' war[114].

Freilich deutet schon der im Gegensatz zu der Erklärung der Menschen- und Bürgerrechte von 1789 gewählte Titel der ‚Grundrechte des deutschen Volkes' einen wesentlichen Unterschied der beiden Dokumente an. Die französische Nationalversammlung glaubte ewigen, übernationalen Grundsätzen des Naturrechts Ausdruck zu geben. Aber inzwischen hatte in Deutschland, vor allem durch Savigny[115], die Naturrechtslehre der Historischen Rechtsschule weichen müssen, und gerade der um die Grundrechte am meisten verdiente Parlamentarier, der Berichterstatter des Verfassungsausschusses, Georg Beseler[116], war ein angesehener Vertreter des germanistischen Zweiges der Historischen Rechtsschule. So heißt es denn in der Begründung des Entwurfs der Grundrechte: ‚Auf leere Theorien und willkürlich ersonnene Systeme durfte freilich keine Rücksicht genommen werden; es kam darauf an, aus dem reichen Stoff des Möglichen und Wünschenswerten dasjenige herauszufinden, welches unserer Volkseigentümlichkeit, unseren gegenwärtigen Bedürfnissen entspricht.' Damit war den Grundrechten der Paulskirche nur eine national und historisch bedingte, keine vernunft- und naturrechtliche Bedeutung zuerkannt.

Mit diesem Gegensatze zwischen der Erklärung von 1789 und den Grundrechten von 1848 hängt ein weiterer Unterschied zusammen. Die französischen Menschen- und Bürgerrechte waren programmatisch und kategorisch gewesen. Auch in der Paulskirche waren Männer, die Grundrechten dieser Art den Vorzug gegeben hätten: ‚Je größer', sagt Heinrich Laube[117], ‚je größer die Quadersteine, desto fester die Grundlage: ein Dutzend Grundrechte rasch geschaffen ist besser als drei Dutzend, die sorgfältig auf alle Möglichkeiten hin ausgearbeitet werden.' Die gleiche Forderung einer programmatischen und damit zugleich volkspädagogischen Fassung der Grundrechte hat noch in den Verhandlungen über die Weimarer Verfassung von 1919 Friedrich Naumann[118] in seinem Versuch ‚volksverständlicher Grundrechte' erneuert. Rudolf Smend[119] hat Naumanns Entwurf ‚ein unglückliches, halb liturgi-

[112] 1878–1949, deutscher Rechtslehrer und demokratischer Politiker, der sich für soziale Rechtsreformen eingesetzt hat

[113] Vgl. Anm. 97 – [114] Vgl. FR, Nr. 17

[115] 1779–1861, Begründer der historischen Schule der Rechtslehre

[116] 1809–1888, Jurist und Politiker, Mitglied der Frankfurter Nationalversammlung, in der er großen Anteil an der Ausarbeitung der Grundrechte nahm

[117] 1806–1884, Schriftsteller, Theaterleiter und Politiker, Mitglied der Frankfurter Nationalversammlung

[118] 1860–1919, Politiker mit starkem christlichem und sozialem Verantwortungsbewußtsein, im November 1918 Mitbegründer der Demokratischen Partei

[119] Geb. 1882, deutscher Staats- und Kirchenrechtler, der sowohl den realen wie auch den ideellen Kräften gerecht werden will

sches Alterswerk' genannt, aber seine Grundauffassung durchaus gebilligt: die Bedeutung der Grundrechte sei nicht, oder nicht bloß, rechtstechnisch, vielmehr seien sie bestimmt, das Kultursystem zu normieren, das der Sinn der Verfassung und des durch sie konstituierten Staatslebens sein soll; sie seien in diesem Sinne bestimmt, die in der Verfassung sprechende Staatsgestalt lebhaft und sichtbar zu machen oder (mit dem von Smend geprägten Worte) zu integrieren. Im Gegensatz zu der Erklärung von 1789 haben sich aber die Grundrechte von 1848 nicht in erster Linie durch dieses Ziel bestimmen lassen. Sie wollen kein bloßes Bekenntnis sein, vielmehr eine Willenssetzung. Sie mußten deshalb nicht propagandistisch gefaßt werden, sondern juristisch, d. h. mit manchen Einschränkungen und Vorbehalten versehen werden und bemüht sein, nicht Hoffnungen zu erwecken, welche die Gesetze, die zur Ausführung der Grundrechte erforderlich sein würden, notwendig enttäuschen müßten. Im Sinne dieser Aufgabe hat es sich bewährt, daß die Grundrechte von 1848 gute Juristenarbeit sind, vor allem wiederum ein Werk der großen juristischen Fähigkeiten Georg Beselers."

Sammelwerk: Deutschland 1848–1948. S. 81 f.

Gerhard Ritter[120], Tiefgreifende Dauerfolgen:

38 „Die Französische Revolution hat eine bewußte Gegensätzlichkeit deutschen und französischen Staatsdenkens eigentlich erst geschaffen, indem sie die bis dahin bestehende Normalform kontinentalen Staatswesens, den in Deutschland so eifrig nachgeahmten Militär- und Beamtenstaat des absoluten Fürstentums, in Frankreich selbst und im Bereich der unmittelbaren französischen Hegemonie zerstörte und statt dessen einen totalen Neubau auf der Grundlage rein rationaler Prinzipien wagte. Diese Prinzipien waren dem in Holland, England und Amerika begründeten, von der französischen Oppositionsliteratur schon längst rezipierten, humanitären Naturrecht entnommen. So kam es, daß von jetzt an die politische Ideenwelt des ‚Westens' zu einer neuen Einheit sich zu verbinden begann, wenn auch erst allmählich und über viele anfängliche Hindernisse hinweg. In Deutschland blieb die historische Autorität der altangestammten Fürstenhäuser nicht nur erhalten, sondern verstärkte sich teilweise noch, besonders in Preußen, im Kampf gegen die Vorherrschaft französischer Ideen und Waffen über Europa. Die Tatsache, daß beides zusammenfiel, die Freiheitspredigt der französischen Jakobiner und die Bedrohung Deutschlands durch ihre Heere, und umgekehrt: der deutsche Freiheitskampf gegen Napoleon und die Restauration der von ihm verjagten oder mißhandelten deutschen Monarchen – das ist für die tiefe Entfremdung deutschen Staatsdenkens gegenüber dem Westen bis heute schicksalhaft geworden. Der neudeutsche Nationalismus des 19. Jahrhunderts hat eben aus diesem Gegensatz heraus seine eigene Staatsauffassung entwickelt.
Aber die Französische Revolution ist noch viel unmittelbarer für das Verständnis der uns heute bedrängenden Fragen wichtig. Indem sie den gewagten Versuch machte, ihren Staat ausschließlich auf rationale, d. h. jedem ohne weiteres einleuchtende

[120] Geb. 1888, führender deutscher Historiker unserer Zeit

Prinzipien, statt auf uraltes Herkommen und religiöse Gehorsamkeitsgebote zu begründen, hat sie die naive Selbstverständlichkeit erschüttert, mit der bis dahin in Europa historische Autoritäten als solche anerkannt worden waren. Die europäische Menschheit wurde zur kritischen Nachprüfung ihres Autoritätsglaubens aufgerufen; die öffentliche Meinung wurde überall mobilisiert, ein ungeheurer Prozeß der Politisierung eingeleitet, in den nach und nach alle Volksschichten hineingezogen wurden: zuerst das Bürgertum, zuletzt auch die Masse des Industrieproletariats. Was so entstand, war ein Gärungsprozeß, der seinem Wesen nach unendlich ist und eine ewig erneute Unruhe in das politisch-soziale Gefüge der europäischen Menschheit hineingebracht hat. Dabei war die Rationalisierung des politischen Lebens nur ein Teilstück der großen, seit dem 18. Jahrhundert siegreich vordringenden Bewegung zur Rationalisierung, Entzauberung, Technisierung der Welt überhaupt; ihr fiel auch die alte Herrschaft der Kirche über die Geister zum Opfer, so daß nun der Staat mehr als jemals früher zur beherrschenden Macht des öffentlichen Lebens werden konnte. Mit der Umwandlung des alten Obrigkeitsstaates zum demokratischen Volksstaat und mit der Verdrängung der Kirchen aus dem Mittelpunkt des Lebens war grundsätzlich der Weg zum modernen Totalstaat eröffnet . . .

Alle Welt ist heute eifrig bemüht, nach den ‚Wurzeln des Nationalsozialismus' in der deutschen Geschichte zu fahnden. Ein höchst notwendiges Geschäft! Aber es würde erfolglos bleiben, wollten wir bei dieser Suche unseren Gesichtskreis auf Deutschland beschränken. Nicht irgendein Ereignis der deutschen Geschichte, sondern die große Französische Revolution hat den festen Boden politischer Traditionen Europas entscheidend aufgelockert; sie hat aber auch die neuen Begriffe und Schlagworte geprägt, mit deren Hilfe der moderne Volks- und Führerstaat sich selbst begründet. Vor allem: sie hat das Vorbild eines solchen Staatswesens selbst geschaffen und hat mit dessen Waffen den ganzen europäischen Kontinent überschwemmt. Wie hätte das ohne tiefgreifende Dauerfolgen bleiben können?"

Europa und die deutsche Frage. 1948. S. 42 f., 51

Alfred Weber[121], Die Revolution der Intellektuellen:

39 „Weder die amerikanische noch die französische Revolution sind in ihrem Ausgangspunkt Umwälzungen von Seiten des kapitalistischen Bürgertums. Eine Bourgeoisie gab es in den Vereinigten Staaten, wo ganz und gar der Farmerbetrieb überwog, nur 5% der Menschen in Städten saßen und lediglich im Süden ein sklavenunterbautes Farmertum bestand, noch nicht. Sie war in Frankreich unendlich viel schwächer entwickelt als in England, dem einzigen Land eines schon in größerer Entfaltung begriffenen industriellen Kapitalismus, in dem aber keine Revolution stattfand. Das französische Großbürgertum stand als pivilegiertes und verhätscheltes Kind des absoluten Staates auf der Seite des Königtums und des Ancien Régime. – Vielmehr: sowohl in Amerika wie in Frankreich – das muß für eine richtige historisch-soziologische Perspektive festgehalten werden – brach jenes alte von der Antike her

[121] 1868–1958, führender deutscher Volkswirtschaftler und Soziologe, Begründer einer universellen, die Geschichte einbegreifenden Kultursoziologie

lebendige europäische Freiheitswollen durch, das in verschiedener Färbung, weil in verschiedene Konstellationen gebettet, immer wieder gegen jede Art Unfreiheit sich erhoben hatte, gegen die privilegierten Schichten oder Mächte, wer sie auch waren ... In Frankreich verband sich mit den Intellektuellen außer den später entscheidend werdenden kleinen Leuten der alte Schwertadel, der geistig interessiert, im übrigen einigermaßen beschäftigungslos geworden war. Das Wollen war begrifflich zum Teil ungeklärt. Es war nicht im eigentlichen Sinn demokratisch, obgleich Demokratie sein letztes Resultat sein mußte. Der Wahlzensus war dem Anfang der Revolution selbstverständlich. Er hat übrigens als solches Selbstverständliches bis in die Mitte des ersten Drittels des 19. Jahrhunderts auch in so gut wie allen Staaten der Union fortbestanden. Das Wollen war aber noch in keiner Weise bourgeoisliberal, vielmehr eine Mischung von Vernunftbegeisterung, neuer Menscherfassung und Religion zu einem Glauben, der sich genau wie in den abendländischen großen Vorspielen gegen den ihm entgegenstehenden Zwang, gegen die Unfreiheit als solche, den Gegenspieler des als naturgemäß Empfundenen wandte.

Es ist überflüssig, davon zu sprechen, wie dieser auf die Vernunft sich berufende, gänzlich übervernünftige Gefühlsdrang Frankreich erobert hat, und die von Taine[122], wenn auch mit bitterem Haß gegen das Neue, doch sachlich zutreffend gegebene soziologische Analyse zu wiederholen. – So stark vielleicht bei Taine das Neue ins bloß Rationale transponiert sein mag, es war doch der in Frankreich im 17. Jahrhundert geprägte ‚geometrische Mensch', der nun, mit dem von Taine gezeichneten neuen Geist und der neuen Doktrin getränkt, getragen vom Gefühlsschwang Rousseaus[123], die Bastille stürmte und alle Taten der Revolution verrichtete, vor allem auch die der Schreckensherrschaft. Das politisch Richtige war für das Bewußtsein dieser Menschen beweisbar, wer die absolute Vernunft und ihre Gesetze nicht anerkannte, ein Verstockter und Bösewicht, eine Gefahr für die Allgemeinheit und daher zu beseitigen. Also gewiß Machtkämpfe und Grausamkeiten, aber auf diesem Hintergrund und in dieser Atmosphäre.

Die Ausnutzung der Prinzipien der Französischen Revolution, die den Menschen als Menschen befreien und dazu den gleichberechtigten Citoyen, den Staatsbürger, schaffen wollte, nicht den Bourgeois, für die Bourgeoisie, für wirtschaftlich verstandene Freiheit und wirtschaftlich, nicht wie bei Locke[124] göttlich-natürlich verstandenes Eigentum, hat erst begonnen mit dem Gegenschlag im Direktorium. – Napoleon aber, der allerdings genau wußte, warum er die ökonomisch-bürgerlichen Interessen schützte, warum er die Kontinentalsperre gegen den einzigen großen kapitalistischen Weltkonkurrenten England verlangte, warum er als erster technische Hochschulen für die Beschleunigung des Industriefortschritts förderte, hat die alte Gesellschaft, wo er auch mit seiner Herrschaft hingelangte, also in mehr als der Hälfte des Kontinentalen Europas, durch seine überall Bauernbefreiung, Gewerbefreiheit und anderes mehr schaffenden ‚Codes' mindestens ebenso aus römisch imperialem wie französisch rationalem Vernunftgeist heraus zertrümmert. Er hat sie zerschlagen, um in durchsichtiger Klarheit eine neue Ordnung der Dinge zu schaffen, entsprechend der ‚nature des

[122] Vgl. Anm. 110 – [123] Vgl. FR, Nr. 3 – [124] Vgl. FR, Nr. 1

choses', wie er zu sagen pflegte. Solche war in diesem Fall der Ausdruck einer von ihm sicher klassisch antik empfundenen Zueinanderordnung der Dinge und Menschen, nicht aber der eines partikularen, etwa kapitalistischen Interesses."

Kulturgeschichte als Kultursoziologie. 1950. S. 381, 382 f.

Eugen Rosenstock-Huessy[125], Jedermann – die neue Einheit der Französischen Revolution:

40 „Die Prinzipien der Französischen Revolution sind keine hohlen Deklamationen oder leere Begriffe, sondern Greifarme und Hebewerke, um der Auflösung der bislang im Ancien Régime geordneten Franzosen Herr zu werden. Kein Königswort und kein besonderes Herkommen war mehr verbindlich. Myriaden Wassertropfen einer gleichförmigen Springflut sind die Millionen Franzosen geworden. Nur die Logik kann die Massen im Nu ordnen, teilen und zusammensetzen. Denn nur sie ist zwingend und verbindlich für jedermann.

Jedermann ist die neue Einheit der Französischen Revolution, eine Größe, die es bis dahin nicht gegeben hatte. Es hatte Katholiken gegeben, Christen, Engländer. Die Französische Revolution erschafft den Menschen Jedermann, den einen, gleichen, auswechselbaren Bruder aller Brüder. Ferne und Nähe sind nicht mehr zu unterscheiden. ‚Seid umschlungen Millionen, diesen Kuß der ganzen Welt', ist der Ausruf, der die Französische Revolution über die Gefahr hinausreißen will, unter den Franzosen haltzumachen.

Im Frankreich von 1792 hat man Schiller das französische Bürgerrecht verliehen. Man hat dem Genfer Rousseau[126] vor dem Pantheon[127] ein Denkmal gesetzt, weil er, der Lehrer der ‚volonté générale', sich um die ‚Menschheit' wohlverdient gemacht habe. Aber in erster Linie stand die Brüderlichkeit, Gleichheit und Freiheit derer, die in Reih und Glied der Revolutionsarmeen kämpfen wollten. In diesen Armeen trug der Herr Jedermann den Marschallstab im Tornister. In diesem Heer fanden sich Elsässer und Korsen, Marseiller und Bretonen zusammen mit Parisern in einem Regiment.

Die Levée en Masse von 1792, die Nationalgarden und die allgemeine Dienstpflicht[128] sind die ersten Wunder, die der Geist der Französischen Revolution vollbringt. Jedermann wird Soldat. Und jedermann gehört in Kompagnien, Bataillone, Brigaden, Divisionen und Korps.

Die französische Demokratie ist insofern kriegerisch, weil sie den radikalsten Ausdruck ihrer Grundsätze im Heere geben kann. Dieser Weg geht am schnellsten. Sie hat die Europäer gelehrt, die Wehrpflicht zur Eigenschaft jedes Staatsbürgers zu erheben. Wer Franzose werden will, muß im Heere nachdienen (sonst wird er nicht

[125] Geb. 1888, Rechtshistoriker und Soziologe

[126] Vgl. FR, Nr. 3

[127] Griech., ursprünglich „Heiligtum aller Götter", in der Neuzeit Gedächtnisstätte bedeutender Männer; hier gemeint das Pantheon in Paris, ursprünglich 1764–90 als Kirche der heiligen Genoveva errichtet, 1791 als „Panthéon français" zum Ehrentempel der großen Franzosen gemacht

[128] Vgl. FR, Nr. 42

naturalisiert). In Amerika knüpft man heute die ‚Nationalisation' an ein Examen in Staatsbürgerkunde. Man sieht den Unterschied gegen die der ersten Not des ersten Krieges entsprungenen Pflicht dessen, dem das Franzosentum zur zweiten Natur werden soll. Wie weit ist man von den ‚Geburtsrechten' des Engländers in dieser organisierten und naturalisierten Welt entfernt: Der in Frankreich geborene Sohn ausländischer Eltern muß im Heere dienen."

Die europäischen Revolutionen und der Charakter der Nationen. 1951. S. 354f.

Eugen Rosenstock-Huessy[129], Die große Revolution von 1789 und die Auchrevolutionen:

41 „In die Schule der französischen und indirekt der englischen Revolution sind fast alle anderen Staaten Europas und der übrigen Welt gegangen, z. B. kam die Französische Revolution von 1789 im März 1848 nach Berlin und Wien zu Besuch. 1861 führte sie in Rußland und den Vereinigten Staaten von Nordamerika zur Aufhebung der Leibeigenschaft.

Wir finden ‚Revolution' seither in Polen, Spanien, Schweden, Griechenland, in Mexiko und allen südamerikanischen Staaten, in Belgien, in der Schweiz, in der Türkei, in Rußland und China, in Portugal und in den einzelnen Staaten Italiens am Werke. Im Laufe eines Jahrhunderts ist so die Revolution von allen Nationen importiert worden. Die meisten eben angeführten Länder haben sogar mehr als eine Revolution hinter sich, so wie ja Frankreich selbst noch zwei nationale (1830 und 1848) und eine örtliche (die Pariser Kommune 1871) erlebt hat. Die Julirevolution in Frankreich hat z. B. die Funktion gehabt, die Ideen von 1789 wieder flottzumachen. Der Revolutionsbazillus wurde sozusagen 1830 wieder virulent, und nun erst erlagen ihm manche vorher immune Gebiete Europas. Für uns heutige ist es sogar fast rätselhaft, weshalb die kurze Revolution von 1830 Europa so tief erschüttert hat, daß Hegel[130] und Niebuhr[131] an der Aufregung gestorben sind. Die Julirevolution hatte aber im Ablauf der Französischen Revolution die gleiche Funktion wie in England die Glorreiche von 1688. Beide beenden die Epoche der Restauration und bringen dadurch den Ertrag der Hauptrevolution endgültig in die Scheuern. So ist die Revolution von 1830 nicht selbständig. Und erst recht bleiben alle jene anderen Revolutionen im Schatten der einen großen europäischen, deren Namen sie teilen. Nur die große ist selbständig und ursprünglich. Trotz des gewöhnlichen Sprachgebrauchs ist es also berechtigt, streng zu scheiden zwischen einer für Europa und die Welt gemachten und den von ihr angeregten abhängigen in einer Nation oder in einem einzelnen Staat geschehenen Umwälzungen. Soweit diese Einzelkatastrophen geistige Ziele verfolgten, handelt es sich um ausgeborgten, geliehenen Geist!

... Die Auchrevolutionen des 19. Jahrhunderts können ruhig Revolutionen heißen wie die große von 1789. Es ist keine Gefahr, daß sie mit ihr verwechselt werden könnten. Sie bedeuten eben wegen des geborgten Namens nicht entfernt dasselbe urmenschliche Ereignis. Sie sind Nachbilder eines Vorbildes.

[129] Vgl. Anm. 125

[130] Vgl. Anm. 23

[131] 1776–1831, von Geburt Däne, deutscher Historiker und Staatsmann

... Der Französischen Revolution blieb sozusagen nichts anderes übrig, als sich die große Revolution zu nennen. Sie steht im Zenith der europäischen Revolutionen, weil sie sich selbst erkennt und um den eigenen Charakter weiß. Daraus ergibt sich schon, daß die russische Revolution[132] jenseits der Scheitelhöhe des Revolutionsnamens abläuft! Der Mittag ist 1789."

Die europäischen Revolutionen und der Charakter der Nationen. 1951. S. 5, 7

Martin Göhring[133], Die Revolution und Europa:

42 „Daß die Französische Revolution von Anfang an eine gesamteuropäische Erscheinung wurde, liegt in mancherlei Umständen begründet. Alle Bedingungen einer umfassenden Wirkung waren gegeben. Was ist von Frankreich an Impulsen schon immer ausgegangen! Seit dem Zeitalter Ludwigs XIV. ist Europa vom Westen her bestimmt. Seine politische Vormacht ist zwar zerbrochen, aber französischer Hof, französische Sitte, französische Sprache, französische Vorbilder blieben richtunggebend. Paris gilt neben Rom als größtes Kulturzentrum der Welt und übte auf sie eine magische Anziehungskraft aus. Wer in ihrer oberen Schicht etwas gelten wollte, mußte dort gewesen sein. Wer im geistigen und kulturellen Leben einen Namen haben wollte, nicht weniger; zumindest konnte niemand an denen vorbeigehen, die im Reiche des Geistes als die Großen anerkannt waren. Montesquieu, Voltaire, Rousseau, Buffon, Diderot usw. wurden in Deutschland genauso gelesen wie in Frankreich. Nicht etwa, daß der französische Mensch dem deutschen überlegen gewesen wäre, aber Frankreich hatte den anderen Festlandsstaaten voraus, daß es sehr früh ein geschlossener Nationalstaat geworden war, als solcher eine ziemlich stetige Entwicklungslinie aufwies und feste Lebensformen herausbilden konnte. So vom Glück begünstigt, brachte es Schriftsteller hervor, in denen das europäische Denken gleichsam zusammenfloß, so daß man die Aufklärung – sehr zu Unrecht – als eine französische Geisteshaltung ansprechen konnte. Daß sie eine gesamteuropäische, stark kosmopolitische Bewegung war, in der sich alle Gebildeten, alle fortschrittlich Denkenden fanden, macht die werbende Kraft der Französischen Revolution aus. Sie erschien zunächst allgemein als das, was sie tatsächlich sein wollte: die Verwirklichung der Staatsphilosophie des 18. Jahrhunderts, und trat Europa entgegen in der Tatsache, daß ein Volk unter Berufung auf Postulate, die bisher nur als geistige Realitäten bestanden, sich gegen eine säkulare, für unantastbar gehaltene Macht erhob, als Nation konstituierte und sich in voller Autonomie, aus einem eigenen politischen Bewußtsein heraus, sein Lebensgesetz gab, die Norm seines Daseins bestimmte. Als unerhörter, erstmaliger Vorgang wurde dies empfunden. Europa trat in das Zeichen des doppelpoligen Lebens; ein Spannungsfeld entstand, dessen entgegengesetzte Energien ungeahnte Kräfte auslösen sollten."

Geschichte der Großen Revolution. 2. Band 1951. S. 150 f.

[132] Die bolschewistische Revolution 1917, die zur Begründung der Sowjet-Union führte
[133] Geb. 1903, zeitgenössischer Historiker

Friedrich Sieburg[134], Fast nur politische Polemik:

43 „Der Staatsbankerott hat die Französische Revolution nicht hervorgerufen, sondern nur ausgelöst. Überhaupt bieten die Mißstände, an denen es wahrlich nicht fehlte, keine genügende Erklärung für den Ausbruch dieses Ereignisses. Vieles von dem, was als Grausamkeit der führenden Schicht und als Leid der Armen volkstümlich wurde, hat sich als unwahr erwiesen. Daß ein durch Willkür und Hunger gequältes Volk sich in seiner Verzweiflung aufgebäumt habe, entspricht nicht den Tatsachen. Die Geschichtsschreibung hat in Frankreich mit der Darstellung der Revolution fast nur politische Polemik getrieben, wie das in einem Lande, das in den nachfolgenden Jahrzehnten unaufhörlich um die republikanische Staatsform kämpfen mußte, kein Wunder ist. Freiheit und Gleichheit waren politische und keine sozialen Forderungen, und was die Brüderlichkeit angeht, so hat das Streben nach ihr überhaupt nie eine greifbare Form gehabt." *Kleine Geschichte Frankreichs. 1953. S. 124f.*

Kurt Breysig[135], Die Französische Revolution von übermächtiger Wirkung:

44 „Die schärfste Wegkehre trennt im germanisch-romanischen Weltalter die Neuere und die Neueste Zeit. Unerheblich, ob man von dem hier aufbrechenden Gegensatz redet als von dem von Königs- und Volksherrschaft, von Adel und von Bürgertum, von Zwangsstaat und Freiheit, von Staat und Einzelnem, von Führertum und Masse: immer ist der innere Widerspruch zwischen Altem und Neuem von gleicher Schärfe ...

Die Französische Revolution, die in ihrem starken Verlauf im Grunde wenig mehr als ein Jahrfünft erfüllte, hat in der momentan-aktuellen Entwicklung fast nur die Rolle eines Zwischenspiels behauptet. Dennoch ist sie für das Gesamtbild der Neuesten Zeit von übermächtiger Wirkung, von höchstem Geschichtsrang. Der Gegensatz, der hier brennend geworden ist, ist ein härterer, grundsätzlicherer, als der an irgendwelchen Wegkehren weiter rückwärts sich ausgewirkt hat. Denn man wird sagen dürfen: die staatliche, und tiefer verstanden, die gesellschaftsseelische Forderung, die die große Französische Revolution als Losung ausgab, stand in Widerspruch nicht allein zu dem voraufgehenden Stufenalter, zu der Neueren Zeit und ihrem unumschränkten Königtum, sondern ebensosehr auch zu dem Mittelalter- und Altertumsverlauf, insofern in allen diesen Entwicklungsaltern die Volksgesamtheit der Herrschaft einzelner oder wenig zahlreicher Führerschichten unterworfen war. Jetzt aber wurde die Volksgesamtheit zum Träger der Staatsgewalt ausgerufen, und jeder einzelne in der Menge wurde in das Verhältnis eines Teilhabers an der Staatsregierung gehoben: aus einem Untertan des Staates wurde er zum Mitregierer der Staatsgemeinschaft.

Der Umschwung nicht allein an der Oberfläche der staatlichen Verfassung, nein auch in der Tiefe der gesellschaftsseelischen Wurzelerscheinungen war dementsprechend

[134] 1893–1964, deutscher Schriftsteller, Biograph und Historiker, ein hervorragender Kenner Frankreichs
[135] 1866–1940, Historiker, Soziologe und Geschichtsphilosoph, der bereits vor Spengler einen neuen Aufbau der Weltgeschichte begründet hat

gewaltig. Daß man diese Änderung zuerst eine Umwälzung genannt und daß alle Revolutionen der Weltgeschichte, spätere wie frühere, nach dieser ihren Namen erhalten haben, ist wahrlich nicht verwunderlich. Daß es nur *ein* Volk war, das Amt und Sendung eines allgemein-europäischen Versuchs an sich riß, ändert an der geschichtlichen Würde und an der allgemeinen seelischen Bedeutung des Vorganges nichts. Diese Revolution trägt allen ihren Irrtümern und ihren Bluttagen zum Trotz den Stempel der Genialität. Ja, es läßt sich behaupten, daß die Überfülle von Erregbarkeit, die sie in diese Irrwege und zu diesem Verfolgungstaumel gebracht hat, dem Handeln des aufrührerischen Bürgertums recht eigentlich diesen Stempel aufdrückte. Es ist eine Grabbe-Genialität[136] oder die des allerjüngsten Schiller, des Schillers der ‚Räuber', die sich hier entfesselte, aber Genialität ist es. Auch daß die Faktionen sich zuletzt mit so unseligem Blutdurst bekämpften, daß die Revolution sich recht eigentlich selbst vernichtete, ändert daran nichts. Nicht im Sinne von Zweck und Absicht, wohl aber im Sinne des tatsächlichen Verlaufs hat das französische Volk für die anderen neueuropäischen Völker die schmerzhaftesten Opfer gebracht; denn sie alle sind nach dem Vorbild der Franzosen diesen Weg gegangen: der Verfassungsstaat, der Liberalismus, der Demokratismus, der Sozialismus sind immer neue, immer stärkere Vorstöße in der gleichen Richtung gewesen."

Die Geschichte der Menschheit. 5. Band Herrschaft der Könige – Herrschaft der Völker. 1955. S. 159, 161 f.

Willy Andreas[137], Die Französische Revolution das zentrale Ereignis ihrer Zeit:

45 „Nichts veranschaulicht die Weltwirkung der Französischen Revolution deutlicher als die Worte, die der inzwischen längst konservativ gewordene Hegel[138] im Rückblick auf seine eigene jugendliche Ergriffenheit ein Menschenalter später vom Katheder der Berliner Universität sprach. Alle denkenden Wesen, sagte er, hätten diese Epoche mitgefeiert; ein Enthusiasmus des Geistes habe die Welt durchschauert, als sei es zur wirklichen Versöhnung der Götter mit den Menschen nun erst gekommen. Zeitweilig allerdings schien die Revolution mehr eine Beute von Dämonen geworden zu sein; das Erhabene ihrer Sendung wurde verdunkelt, entstellt und ins Gegenteil ihrer ursprünglichen Absichten, ins Unmenschliche verkehrt. Gleichwohl, als historischer Vorgang wie in ihrer Problematik, ist sie von einem überwältigenden Reichtum. Daß in wenigen Jahren uralte, tiefeingewurzelte Einrichtungen abgeschafft wurden, daß in einer kurzen Spanne Zeit das gesamte soziale, politische und wirtschaftliche Leben einer Nation von Grund auf eine Umwälzung erfuhr, bleibt ein Schauspiel von höchster dramatischer Wucht, hinreißend, aber auch Entsetzen erregend. Beides klingt in den Worten an, die Goethe an Schiller schrieb: ‚Im ganzen ist es der ungeheure Anblick von Bächen und Strömen, die sich nach Naturnotwendigkeiten von vielen Höhen und vielen Tälern gegeneinanderstürzen und endlich das Übersteigen eines großen Flusses und eine Überschwemmung veranlassen, in der zugrunde geht, wer sie vorhergesehen hat so gut als der sie nicht ahnete.'"...

[136] 1801–1836, Dichter und Dramatiker voll ungezügelter Genialität

[137] Geb. 1884, zeitgenössischer deutscher Historiker – [138] Vgl. Nr. 13

Die Menschen des Erdteils teilten sich über dem großartig schaurigen Drama in zwei Parteilager – nein, in zahllose Varianten des Beifalls und der Ablehung. Sie gingen von glühender Begeisterung bis zum tiefsten Abscheu. Schon dieses Auseinandertreten der Grundanschauungen und der politischen Lager in Europa konnte keinesfalls ohne befruchtende und bewegende Kraft für die Allgemeinheit der Lebenden bleiben, wo immer sich diese Gegensätze zeigten ...
Ob anziehend oder abstoßend für Mit- und Außenwelt hielt die Revolution die Völker Europas mit einer Fülle neuer Impulse in Atem. Sie war das bewegendste, alles zur Nachfolge oder zur Abwehr aufrufende zentrale Ereignis ihrer Zeit und als solches in allen möglichen Formen ihrer Erscheinung auch für die Aera Napoleons von packender Gegenwärtigkeit."

Das Zeitalter Napoleons und die Erhebung der Völker. 1955

Willy Andreas[139], Das neue Evangelium:

46 „Nirgends unangefochten hingenommen, aber unendlich zukunftsreich erwies sich das neue Evangelium der Menschenrechte. Nächst der Machtergreifung des Dritten Standes und dem Erwachen der Nation strahlte es im Bereich der allezeit so wichtigen geistig-politischen Imponderabilien am mächtigsten aus. Wie mit Feuerhauch flog die Losung der Freiheit, Gleichheit, Brüderlichkeit über den Erdball hin. Sie wurde zum Sendungsglauben derer, die davon erfüllt waren; sie beflügelte die Franzosen und ihre Revolutionsheere bei den Eroberungs- und Siegeszügen.
Die Erklärung der Menschenrechte, in zahlreichen *Cahiers de doléabces*[140] schon gefordert, ebenso sorgfältig wie leidenschaftlich in den Ausschüssen und im Plenum der Nationalversammlung durchberaten mit allem Für und Wider, faßte in ihren siebzehn Artikeln zusammen, was dem Einzelnen an Freiheit, Sicherheit, Schutz gegen Unterdrückung und Gewalt als Ausdruck staatsbürgerlicher Würde unbedingt zusteht. Ob wahrgenommen oder nicht, ob der Wirklichkeit standhaltend oder unvollkommen ins Leben übersetzt, besteht ihr höchster Wert in der überzeitlichen Forderung, der das Menschengeschlecht nachstreben soll, wo es Staaten bildet und Verfassungen schafft. So tritt denn auch dies Problem, das scheinbar nur der gedanklichen Sphäre angehört, aber von größter rechtlicher und politischer Tragweite ist, an allen Wendepunkten der Weltentwicklung auf, um immer neue Gegenwärtigkeiten zu gewinnen ...
Es gelang der Französischen Revolution nicht, den Gedanken der Menschenrechte rein zu erhalten. Indem sie es unternahm, als Hüter, als Anwalt und Bürge selber ihnen Bahn zu brechen, erlitten sie jene Trübung, der jede Idee, sei sie religiöser, sozialer oder politischer Art, ausgesetzt ist, wenn sie durch irdische Obrigkeit und deren Organe, durch den weltlichen Arm, in einem Wort durch Menschen, also unvollkommene Wesen ins Leben hinausgetragen und verwirklicht werden soll. Das ist unausweichlich, ist Belastung und Schicksal jeder, auch der sittlich hochstehendsten Gemeinschaft, die sich einer solchen oder ähnlichen Aufgabe unterwindet."

Das Zeitalter Napoleons und die Erhebung der Völker. 1955. S. 79 f., 82

[139] Vgl. Anm. 137. – [140] = Beschwerdehefte. Vgl. FR, Nr. 8

Russische Urteile

Wladimir Iljitsch Lenin[141], Das ganze 19. Jahrhundert unter dem Zeichen der Französischen Revolution:

47 „Für ihre Klasse, für die die Französische Revolution gearbeitet hat, nämlich für die Bourgeoisie, hat sie so viel geleistet, daß das ganze 19. Jahrhundert, in dem der ganzen Menschheit Zivilisation und Kultur gegeben wurde, unter dem Zeichen dieser Revolution stand. Dieses Jahrhundert hat an allen Enden der Welt nur das getan, zum Teil durchgeführt, zum Teil begonnen oder ergänzt, was die großen französischen Revolutionäre der Bourgeoisie geschaffen hatten, deren Interessen sie dienten, obwohl sie sich dessen nicht bewußt waren, als sie sie in die Worte ‚Freiheit, Gleichheit und Brüderlichkeit' einkleideten ... Die Französische Revolution hat, obwohl sie zerschlagen wurde, dennoch gesiegt, denn die Grundlagen der bürgerlichen Demokratie und Freiheit, die sie der Welt geschenkt hat, waren so fest gefügt, daß sie nicht mehr beseitigt werden konnten." *Sämtliche Werke – russisch– Band XXIV*

A. W. Jefimow[142], Die geschichtliche Bedeutung der Jakobiner:

48 „Gewaltige Volksmassen nahmen aktiv Anteil an der Französischen Revolution des 18. Jahrhunderts. Wie Stalin[143] sie charakterisiert hat, war diese Revolution eine ‚Volksrevolution, die dadurch siegte, daß sie ungeheure Volksmassen zur Erhebung gegen den Feudalismus führte und die Interessen des Dritten Standes verteidigte' (Fragen des Leninismus).
Lenin[144] jedoch erklärt: ‚Es war den Jakobinern nicht beschieden, einen vollständigen Sieg zu erringen, hauptsächlich darum, weil das Frankreich des 18. Jahrhunderts auf dem Festlande von allzu rückständigen Ländern umgeben war und weil Frankreich selbst keine materiellen Grundlagen für den Sozialismus besaß; es gab keine Banken, keine kapitalistischen Syndikate, keine Maschinenindustrie, keine Eisenbahnen' (Sämtliche Werke Band XX).
Die geschichtliche Bedeutung der Jakobiner liegt darin, daß sie den Weg für den Kapitalismus, für die Herrschaft des Bürgertums ebneten. An Stelle der feudalen Ketten legte das Bürgertum den Arbeitern und Bauern neue Ketten an, die der bürgerlichen Ausbeutung. Die Stände waren beseitigt; aber an die Stelle des Drucks, den die adligen Herren ausübten, trat jetzt der Druck von Seiten reicher Kapitalisten. Der Ausbeutung gegenüber, wie sie unter dem feudalistischen Gesellschaftssystem bestand, muß man die kapitalistische Ausbeutung jedoch als fortschrittlicher bezeichnen. Unter dem Kapitalismus entsteht und wächst neben dem Bürgertum das Proletariat, der zukünftige Totengräber eben dieses Bürgertums. Solange die Jakobiner den Kampf gegen die feudal-absolutistischen Klassen führten, fanden sie bei den

[141] 1870–1924, der führende bolschewistische Revolutionär und Theoretiker, der Begründer der UdSSR
[142] Zeitgenössischer sowjetischer Historiker
[143] 1879–1953, nach Lenin der führende Staatsmann der UdSSR und bolschewistische Theoretiker
[144] Vgl. Anm. 141

Volksmassen Unterstützung. Dazu stellt aber Stalin fest: ‚Die bürgerliche Revolution kann die Millionenmassen der Werktätigen und Ausgebeuteten nicht für eine einigermaßen lange Periode mit der Bourgeoisie zusammenschließen, und zwar deshalb nicht, weil sie Werktätige und Ausgebeutete sind' (Fragen des Leninismus)."

Geschichte der Neuzeit 1789–1870. Deutsche Übersetzung 1949. S. 61

A. W. Jefimow[145], 1789 und 1917:

49 „Die Sozialistische Oktoberrevolution[146] begann mit der Machtergreifung durch das Proletariat. In der bürgerlichen Französischen Revolution hingegen gelangten die Jakobiner, die fortschrittlichsten Elemente des Bürgertums, die von der Masse des Volkes unterstützt wurden und mit den Plebejern ein Bündnis eingingen, erst auf der letzten Entwicklungsstufe der Revolution zur Macht.

Die bürgerliche Französische Revolution des 18. Jahrhunderts und die Große Sozialistische Revolution des 20. Jahrhunderts, die beide in völlig verschiedenen geschichtlichen Epochen vor sich gingen und sich nach gänzlich verschiedenen Gesetzen entwickelten, unterscheiden sich also grundlegend voneinander.

Im 18. Jahrhundert fehlten die Voraussetzungen für die Einführung des Sozialismus, für den Sturz des Bürgertums. Im Gegenteil, das Bürgertum war damals, als es die Feudalordnung stürzte und die Macht ergriff, eine aufsteigende Klasse. Anders liegen die Dinge aber jetzt. In unserer Zeit des Niedergangs und des Zusammenbruchs des Kapitalismus befindet sich das Bürgertum im Zustande des Verfalls, und die aufsteigende Klasse ist jetzt das Proletariat. Stalin[147] sagt über die Große Sozialistische Oktoberrevolution, daß sie ‚weder eine Fortsetzung noch eine Vollendung der großen Französischen Revolution ist. Ziel der Französischen Revolution war die Beseitigung des Feudalismus zur Stärkung des Kapitalismus. Ziel der Oktoberrevolution ist die Beseitigung des Kapitalismus zur Stärkung des Sozialismus' (Unterhaltung mit dem deutschen Schriftsteller Emil Ludwig[148], 1937)."

Geschichte der Neuzeit 1789–1870. Deutsche Übersetzung 1949. S. 62

[145] Vgl. Anm. 142

[146] Der bolschewistische Umsturz, der am 7. und 8. November 1917 unseres Kalenders, am 25. und 26. Oktober 1917 des in Rußland noch gültigen alten Kalenders stattfand

[147] Vgl. Anm. 143

[148] 1881–1948, Schriftsteller, insbesondere Biograph großer Persönlichkeiten wie Napoleon, Bismarck, Lincoln, Roosevelt

Englische, amerikanische und schweizerische Urteile

Geoffrey Barraclough[149], Ein riesiger Energieverbrauch:

50 „Es ist viel zu einfach, die Aufklärung des 18. Jahrhunderts ihrer geistigen Unzulänglichkeiten wegen zu verurteilen, zu sagen, daß der Europäer hier, eine falsche Richtung einschlagend, einen materialistischen Weg hinabging. Es ist noch einfacher, sich an ihre veralteten Werte zu halten – an ihr unkritisches Vertrauen auf die Vorzüge einer formalen Erziehung, ihren trügerischen Glauben, daß Demokratie eher ein Gegensatz zu Autokratie sei als ihr Nährboden, ihre nationalistische Überzeugung, daß menschliche Leidenschaften und soziale Gegensätze durch klare philosophische oder politische Bekenntnisse in Einklang gebracht werden könnten. Aber die Wirklichkeit war nicht so einfach. Die tatsächlichen Mängel und die tatsächlichen Werte ergänzten sich, sie hingen voneinander ab: man kann sie nicht sauber trennen wie Schafe von Ziegen. Für den Historiker ist die Aufklärung nur eine Stufe, die der Europäer hinter sich ließ. Sie brachte größere Möglichkeiten, größere Leistungen und größere Belohnungen mit sich, aber ebenso auch größere Anstrengungen, größere Gefahren und größere Versuchungen. Wir können nicht sagen, daß es sich nicht gelohnt habe, die Gefahren auf sich zu nehmen, daß die Errungenschaften vergeblich gewesen seien. Aber wir können auf den Preis hinweisen, für den sie gekauft wurden – besonders auf den riesigen Energieverbrauch, der Europa nach der Krise der Französischen Revolution zu schwach zurückließ, um wiederum zu einer befriedigenden Synthese zu kommen."

Geschichte in einer sich wandelnden Welt. Deutsche Übersetzung 1957. S. 194

Emery Reves[150], Heute, hundertfünfzig Jahre später:

51 „Zwischen der Renaissance und dem 18. Jahrhundert nahm als Ergebnis des Wiederauflebens der Gelehrsamkeit und neuer Methoden vernünftigen und wissenschaftlichen Denkens ein revolutionäres Ideal Gestalt an und fand unter den Massen, die unter dem Absolutismus litten, fruchtbaren Boden. Dieses revolutionäre Ideal war der Grundsatz: Kein Individuum, keine Familie, keine Dynastie kann noch länger als souverän betrachtet werden; souveräne gesetzgebende Autorität ist das Volk; die Souveränität ist in der Gemeinschaft verankert.

Dieser revolutionäre Grundsatz führte zu den großen Volksaufständen des 18. Jahrhunderts, zur Gründung der amerikanischen und der französischen Republik und zu dem parlamentarischen System in England und vielen anderen Ländern, wo ‚der König herrscht, aber nicht gebietet'.

Das Ideal der nationalen Souveränität und nationalen Unabhängigkeit entspringt einer langen Ära der Monarchie und Kolonisation. Anfangs war es ein großer Schritt vorwärts und ein Antrieb zu menschlichem Fortschritt. Die amerikanische Unabhängigkeitserklärung und die Französische Revolution, die auf die Entwicklung konstitutioneller Einrichtungen in England folgten, waren für andere Völker ein

[149] Zeitgenössischer englischer Historiker

[150] Geb. 1904, geborener Ungar, bedeutender amerikanischer politischer Schriftsteller, der eine Bewegung für föderalistische Weltregierung ins Leben gerufen hat

außerordentlicher Anreiz, für ihre eigene Souveränität und Unabhängigkeit zu kämpfen. Der Höhepunkt dieser Entwicklung wurde in den Friedensverträgen von 1919 erreicht, als mehr Nationen denn jemals zuvor völlig souverän und unabhängig wurden. Zwanzig Jahre später lagen alle diese stolzen souveränen Nationen zertrampelt im Staube, und mehr Menschen als jemals in der Geschichte wurden versklavt und ins Elend gestürzt.

Warum geschah dies?

Es geschah, weil das politische System, das 1919 begründet wurde, eine Apotheose der Ideale des 18. Jahrhunderts war, ein Anachronismus, in völligem Widerspruch zu der Lage im 20. Jahrhundert. Die großen Ideale der nationalen Souveränität, Unabhängigkeit und der Nationalität als Grundlage von Staaten waren herrliche Errungenschaften im 18. Jahrhundert, in einer Welt, die vor Beginn der industriellen Revolution so unermeßlich groß war.

Die demokratische Regierungsform, wie sie von den großen westlichen Mächten angenommen wurde, führte ein Jahrhundert des Reichtums und des geistigen, wissenschaftlichen und materiellen Fortschritts herauf, einmalig in der Geschichte. Aber nichts ist ewig in dieser Welt, und wir liegen wieder in den Wehen einer Krise, die eine neue Erfassung und Deutung der Grundlagen unseres sozialen Lebens gebietet.

Unsere gegenwärtige Auffassung von nationaler Souveränität zeigt, wie ein Ideal, nachdem es einmal verwirklicht ist, in der Spanne eines einzigen Jahrhunderts verzerrt werden kann. Nach den großen Philosophen des 18. Jahrhunderts, den klarsten Denkern unter den Vätern der modernen Demokratie, bedeutete der demokratische Begriff der Souveränität die Übertragung der souveränen Rechte von einem Mann, dem König, auf alle, das Volk. Im demokratischen Sinne ruhte die Souveränität bei der Gemeinschaft.

Unter ‚Gemeinschaft' verstanden sie die Gesamtheit der Menschen. Es war vollkommen klar, daß keine Individuen oder Gruppen von Individuen souveräne Rechte ausüben konnten, es sei denn, sie seien abgeleitet aus der Souveränität der Gemeinschaft.

Wir müssen versuchen, die Welt uns im Geiste vor Augen zu stellen, wie sie im 18. Jahrhundert war: die industrielle Revolution hatte noch nicht einmal begonnen. Die Postkutsche war das schnellste Beförderungsmittel. Jedermann führte ein ländliches Leben, und jedes Gebiet von hunderttausend oder sogar nur zehntausend Quadratmeilen bildete eine Einheit, die sich selbst genügte und selbst versorgte.

Unter solchen Umständen war der weiteste Gesichtskreis der Ahnherren der Demokratie – die Nation. Als sie die Souveränität der Nation verkündeten, verstanden sie darunter die Souveränität des Gemeinwesens; sie meinten, Souveränität auf die breitest mögliche Grundlage gestellt zu haben.

Heute, hundertfünfzig Jahre später, . . . ist die Lage vollkommen verändert.

Wie die Welt heute organisiert ist, ruht die Souveränität *nicht* bei der Gemeinschaft, sondern wird in unumschränkter Form von Gruppen und Individuen ausgeübt, die wir Nation nennen. Dieser Zustand steht in vollem Widerspruch zu der ursprünglichen demokratischen Konzeption der Souveränität. Heute hat Souveränität eine bei weitem zu schmale Grundlage; sie hat nicht länger die Macht, die sie braucht und ursprünglich auch haben sollte. Das Wort ist dasselbe. Die Konzeption, die das Wort zum Ausdruck bringt, ist dieselbe. Aber die Umgebung hat sich verändert. Die Zustände in der Welt haben sich gewandelt. Und diese veränderte Lage ruft nach entsprechend veränderter Deutung dieses Grundprinzips, wenn wir diese einzige bisher entdeckte Grundlage demokratischer Gesellschaft zu bewahren wünschen . . .

Um es offen herauszusagen: Das Ideal vom Nationalstaat hat Bankerott gemacht. Der Nationalstaat ist unfähig, fremden Angriff zu verhüten; er taugt nicht länger als die höchste Einrichtung, fähig, sein Volk vor Krieg und all dem Elend und Unglück zu bewahren, das Krieg mit sich bringt.

Der zweite Weltkrieg hat endgültig bewiesen, daß nicht eine einzige der bestehenden Nationen, selbst nicht die mächtigste, sich wirtschaftlich genügen kann.

Diese unbestreitbaren Tatsachen ergeben, daß unsere gegenwärtige Konzeption von nationaler Souveränität veraltet ist und trächtig mit tödlicher Gefahr für uns alle . . .

Es handelt sich nicht darum, die nationale Souveränität ‚preiszugeben'. Das Problem ist nicht negativ und schließt nicht ein, daß man irgend etwas aufgibt, was man schon hat. Das Problem ist positiv – etwas zu schaffen, was wir entbehren, etwas, was wir niemals hatten, aber gebieterisch benötigen.

Die Schaffung von Einrichtungen mit allumspannender souveräner Macht ist lediglich eine neue Phase ein und desselben Vorgangs in der Entwicklung der menschlichen Geschichte – Ausdehnung von Gesetz und Ordnung auf ein neues Feld der menschlichen Gesellschaft, ein Feld, welches bisher ohne Ordnung und in Anarchie geblieben war."

Die Anatomie des Friedens. 1945

Herbert Lüthy[151], Die Republik der Prinzipien von 1789:

52 „Wenn alle paar Wochen wieder einmal ‚die Republik in Gefahr erklärt' und die republikanische Verteidigung organisiert wird, so spürt man wohl, daß damit etwas ganz anderes als diese parlamentarische Regierungsform gemeint ist, die seit siebzig Jahren – außer in einigen romantischen Zirkeln und aristokratisch verstaubten Salons – von niemand und nichts als ihrer eigenen Ohnmacht in Frage gestellt worden ist. Die stets bedrohte, weil nie verwirklichte Republik ist die der Prinzipien von 1789, der Menschenrechte, der Freiheit, Gleichheit, Brüderlichkeit, der Vernunft und der Tugend, das unvollendete Werk der Väter, vor dessen gewaltiger Konzeption alle numerierten Republiken nur dürftige Karikaturen sind. Die Große Revolution und all die kleinen, die ihr folgten, haben als Erbe den Mythos der unvollendeten Revolution hinterlassen, der immer wieder die Legitimität jeder bestehenden Ordnung bestreitet. So wird in kaum veränderten Kulissen und Drapierungen das große Nationalepos weiter agiert, in Formationen und Formeln, die sehr wenig Bezug auf die Gegenwart und ihre Probleme, aber sehr viel Bezug auf große und erregende Erinnerungen haben. Diese Geschichte ist ganz und gar Ideologie geworden, und sie gibt einer politischen Agitation, die ganz und gar in Ideologie aufgeht, ihren gesamten Inhalt. Die revolutionäre Ideologie eines konservativen Landes: das ist das scheinbar Paradoxe." *Frankreichs Uhren gehen anders. 1954. S. 30*

[151] Schweizer Journalist und Schriftsteller, der in seinem Buch „Frankreichs Uhren gehen anders" 1954 eine neue Deutung Frankreichs aus der Nachkriegssituation heraus unternommen hat

Herbert Lüthy[152], „La Révolution est un bloc":

53 „‚La Révolution est un bloc'; dieses berühmte Wort Clemenceaus[153] ist das Dogma der Politiker wie der Geschichtsschreiber und Geschichtslehrer geblieben; sie lassen sich nichts von dem großen Mythos abmarkten, der ungeschieden und unverdaut von Generation zu Generation weitergegeben wird. Die Revolution, wie sie alle offiziellen Festredner der Republik und alle revolutionären Festredner der Linken feiern, die das Recht des Individuums, die Menschenrechte, die Volkssouveränität, die Freiheit und die Gleichheit proklamierte, die Feudalrechte, die Kastenprivilegien und viele alte Mißbräuche und Schikanen abschaffte; und der Amoklauf dieser Revolution, die weder die Menschenrechte noch die Volkssouveränität je zu verwirklichen wagte, die Musterverfassungen dutzendweise schuf und nie anwandte, die im ständig engeren Teufelskreis der Diktatur das als souverän erklärte Volk in Ketten legte, die mit der Erstürmung eines leeren Gefängnisses begann und danach alle Gefängnisse des Landes bis zum Bersten füllte, die Verurteilungs- und Hinrichtungsmethoden industrialisierte, die erstmals die ‚Volksdemokratie' des Terrors und der zwangsmäßigen Einstimmigkeit, des Meinungsdelikts und der bloßen ‚Verdächtigkeit' als Kapitalverbrechen und der Denunziation als höchster Bürgerpflicht schuf, die Völkerbefreiung verkündete und Europa mit von Paris aus regierten und geplünderten Satellitenstaaten übersäte: all dies ist ‚ein und unteilbar' wie die Republik selbst, es muß en bloc bejaht oder verneint werden, und an diesem Ja oder Nein in Bausch und Bogen erweist sich die republikanische Gesinnung."

Frankreichs Uhren gehen anders. 1954. S. 31 f.

Jeanne Hersch[154], Die Demokratie der Menschenrechte:

54 „Die Demokratie der Menschenrechte ging von der optimistischen Vorstellung aus, wonach der Mensch frei ist, solange man ihn nicht daran hindert. Demnach genügt es, alle Fesseln zu beseitigen und zu verhindern, daß neue geschmiedet werden. Das Königtum und die Adelsprivilegien abschaffen, die Bastille stürmen – das bedeutet, dem Menschen seine natürliche Freiheit zurückzugeben. Über den Rousseauschen Mythos vom guten Wilden hinaus schwebt den meisten Denkern jener Zeit ein Mensch vor, der, einmal gesättigt, ausgeruht und erwärmt, immer bereit wäre, sich den höheren Aufgaben denkerischer Anstrengung zu widmen. Dieses Wesen, der natürliche Erbe des Wilden, ist so vollendet zivilisiert, daß es die Bedürfnisse seines Körpers zu vergessen vermag, sie zerstreut und mit spielerischer Anstrengung so nebenbei befriedigt.

Es mußte demnach als genügend erscheinen, die politische und philosophische Tyrannei zu beseitigen. Wozu sich auch noch mit den Bedürfnissen beschäftigen? Auf diesem Gebiete brauchte man nur die Natur – und das hieß die Wirtschaftskräfte walten lassen. Eine neue Gesellschaftsform sollte die Herrschaft eines Tyrannen durch diejenige der Gesetze ablösen, die Voraussetzungen und zugleich Garantie der

[152] Vgl. Anm. 151

[153] 1841–1929, führender franz. Politiker zwischen 1871 und 1919, franz. Ministerpräsident 1917–19

[154] Schweizerische politische Schriftstellerin und Soziologin; die französische Originalausgabe des hier herangezogenen Buches ist in Paris 1956 unter dem Titel „Idéologie et réalité" erschienen

Freiheit sein sollten; tatsächlich aber ließ sie auf dem Gebiet der Wirtschaft eine völlige Anarchie entstehen, die allerdings wohl ausgestattet war mit einer philosophischen Rechtfertigung. Diese Anarchie war sozusagen die Einführung des Wertes ‚Freiheit' als solchem in das praktische Leben; sie nannte sich Wirtschaftsfreiheit, Handels- und Gewerbefreiheit, freie Konkurrenz, Liberalismus usw. Sie spiegelte zugleich ein unerschütterliches Vertrauen in die Natur, in die Weltordnung, in das Gleichgewicht der Kräfte wider. Sie gestattete, vor einer entscheidenden Tatsache die Augen fest zu schließen und sie unwissentlich aus dem Feld der menschlichen Freiheit auszuschalten: die Tatsache, daß unter dem Schutz der politischen Demokratie ein wirtschaftlicher Dschungel rapid wucherte, indem sich immer mächtigere, antidemokratische Strukturen entwickelten.

Die Marxisten haben zweifellos unrecht, wenn sie die ‚bürgerliche Revolution' und ihre Scheinheiligkeit anschwärzen. Aber es gibt doch wohl kaum ein geschichtliches Beispiel, an dem sich die marxistische Analyse der Ideologie und ihrer Beziehungen zu den wirtschaftlichen Zwangsläufigkeiten und den Bedürfnissen der aufsteigenden Klassen deutlicher illustrieren ließe."

Die Ideologie und die Wirklichkeit. 1956. Deutsche Übersetzung 1957. S. 258 f.

Die Französische Revolution im Urteile de Gaulles 1958

Charles de Gaulle[155], Frankreich als Republik:

55 „Als sich Frankreich einst reformieren mußte, wenn es nicht zerbrechen wollte, da wandte es sich zum ersten Male der Republik zu. Bis dahin hatte das Ancien Régime die Einheit Frankreichs verwirklicht und seine Unversehrtheit verteidigt. Aber als sich eine gewaltige Bewegung in den Tiefen des Volkes bildete, da zeigte sich dieses System außerstande, sich einer neuen Welt anzupassen. Da erstand inmitten der nationalen Erschütterung und des Krieges mit dem Ausland die Republik. Sie verkörperte die Herrschaft des Volkes, den Aufruf zur Freiheit, die Hoffnung auf Gerechtigkeit. Das sollte sie durch alle bewegten Höhepunkte ihrer Geschichte bleiben. Heute so wie einst wollen wir, daß sie bleibt.

Gewiß hat die Republik im Laufe ihrer verschiedenen Regierungszeiten verschiedene Formen angenommen. 1792 sah man, wie sie, revolutionär und kriegerisch, Throne und Privilegien umstieß, um acht Jahre später inmitten der Mißbräuche und Unruhen, die sie nicht hatte überwinden können, umzukommen. 1848 sah man, wie sie sich über die Barrikaden erhob, die Anarchie zurückstieß, sich sozial im Innern und brüderlich nach außen zeigte, wie sie aber bald erlosch, weil sie wiederum es nicht fertig bekommen hatte, die Ordnung mit dem Schwung der Erneuerung zu verbinden. Am 4. September 1870 sah man, wie sie sich am Tage nach Sedan[156] dem Land anbot, um den Zusammenbruch zu überwinden.

[155] Geb. 1890, französischer General und Politiker, Führer des französischen Widerstandes im 2. Weltkrieg, am 1. Juni 1958 vom französischen Parlament zum Ministerpräsidenten gewählt mit Sondervollmachten zur Reform der Verfassung, nach Begründung der V. Republik zu ihrem 1. Präsidenten gewählt

[156] Am 1./2. September 1870 wurde bei Sedan ein großes französisches Heer, bei dem sich der Kaiser Napoleon III. befand, zur Kapitulation gezwungen, was den Sturz des Kaisertums zur Folge hatte; am 4. September 1870 rief Gambetta in Paris die Republik aus.

In der Tat hat es die Republik verstanden, Frankreich wiederzuerheben, seine Armeen wiederaufzustellen, ein gewaltiges Kolonialreich zu schaffen, feste Bündnisse abzuschließen, gute Sozialgesetze zustande zu bringen, das Unterrichtswesen zu entwickeln. Das geschah so gut, daß die Republik den Ruhm gewann, während des 1. Weltkrieges unsere Rettung und unseren Sieg zu sichern. Wenn sich am 11. November[157] das Volk versammelt und die Fahnen sich in Erinnerung senken, dann richtet sich der Dank, den das Vaterland denen zollt, die ihm gut gedient haben, auch an die Republik.
Indessen brachte das republikanische System empfindliche Mängel mit sich, die in einer ziemlich statischen Epoche erträglich erschienen waren, die aber nicht mehr verträglich waren mit den Bewegungen der Menschen, den wirtschaftlichen Änderungen, den Gefahren von außen, die dem 2. Weltkrieg vorangingen. Weil man diese Mängel nicht abgestellt hatte, mußte Frankreich 1940 Schreckliches erleiden[158]. Aber als am 18. Juni[159] der Kampf für die Befreiung Frankreichs begann, da wurde sofort verkündet, daß an die Stelle der zusammengebrochenen Republik eine neue Republik treten müsse. Die gesamte Widerstandsbewegung hat nie aufgehört, das zu versichern. Man weiß, und nur zu gut, was aus diesen Hoffnungen geworden ist. Man weiß, und nur zu gut, daß, als erst einmal die Gefahr vorüber war, alles dem Gutdünken der Parteien überlassen wurde. Man weiß, und nur gut, was das für Folgen gehabt hat. Das System sah sich der inneren Autorität und der äußeren Sicherheit beraubt, und so konnte die Republik nicht handeln. Es war unvermeidlich, daß diese Lähmung des Staates eine schwere Krise Frankreichs bewirkte und daß sich die Republik vom Zusammenbruch bedroht sah.
In dem Augenblick, in dem das Unvermeidliche eintreten sollte, ist geschehen, was die Stunde verlangte. Mit Recht wurde die Zerreißung des Volkes vermieden. Man hat die letzte Chance für die Republik retten können. Auf legale Weise habe ich mit meiner Regierung den außergewöhnlichen Auftrag übernommen, den Entwurf einer neuen Verfassung festzulegen[160] und ihn der Entscheidung des Volkes zu unterbreiten ... Das Volk, das allein der Richter ist, wird unser Werk billigen oder zurückweisen ... Wenn ihr Franzosen ja sagt, dann werdet ihr eine starke wirkungsfähige Republik besitzen, vorausgesetzt, daß die verantwortlichen Männer es auch wollen ... Es lebe die Republik! Es lebe Frankreich!"

Rede de Gaulles am 4. September 1958 auf dem Platz der Republik in Paris an das französische Volk[161]

[157] Für Frankreich ist der 11. Nov., der Tag des Waffenstillstandes 1918, zum nationalen Feiertag geworden

[158] Im Mai/Juni 1940 brach die französische Republik militärisch zusammen und mußte sich am 22. Juni 1940 zum Waffenstillstand entschließen

[159] Bereits am 18. Juni 1940 hatte sich in London der General de Gaulle zum Führer des freien Frankreich erklärt und das französische Volk durch den Rundfunk zum weiteren Widerstand gegen Deutschland aufgerufen

[160] Am 1. Juni 1958 wurde de Gaulle von der französischen Nationalversammlung zum Ministerpräsidenten gewählt und am 3. Juni damit beauftragt, eine Verfassungsreform vorzubereiten. Über den Verfassungsentwurf der Regierung de Gaulle hat das französische Volk am 28. September 1958 abgestimmt und ihn mit einer Mehrheit von 79% gebilligt. Dadurch trat an die Stelle der 4. Republik Frankreichs die 5.

[161] Am 4. September 1958 eröffnete Ministerpräsident de Gaulle den großen Feldzug der Regierung für die neue Verfassung mit diesem Bekenntnis zur Republik, bezeichnenderweise am 4. September. Zu diesem Datum vgl. Anm. 156

Inhalt Seite

Zur raschen und sicheren Orientierung sind alle Quellentexte fortlaufend numeriert. Die Ziffern der Quellen, die auf einer Doppelseite beginnen, erscheinen jeweils am Kopf der rechten Seite und sind so beim Durchblättern des Heftes leicht zu finden. Die Seitenzahlen stehen gegenüber, am Kopf der linken Seite. Auch dem Inhaltsverzeichnis sind die Ziffern der Quellentexte den Kapiteln bzw. ihren Unterabschnitten beigegeben worden.

Zur Ergänzung empfehlen wir:

4227	Hartig, P.	Die Französische Revolution
4217	Kluxen, K.	Die Entstehung des englischen Parlamentarismus
4237	Angermann, E.	Der Aufstieg der Vereinigten Staaten von Amerika 1607–1917
4238	Angermann, E.	Die Vereinigten Staaten von Amerika als Weltmacht seit 1917
4267	von Raumer, K. Vierhaus, R.	Friede und Völkerordnung I (bis 1800)
4268	von Raumer, K. Vierhaus, R.	Friede und Völkerordnung II (1800–1945)
4214	Muth, H.	Die Grundrechte in der deutschen Verfassungsentwicklung von 1800 bis 1949
4289	Greiffenhagen, M.	Konservatismus in Deutschland

ISBN 3-12-425400-7